二十世纪
名人自述
系列

丁文江自述

丁文江 著　文明国 编

时代出版传媒股份有限公司
安徽文艺出版社

图书在版编目（CIP）数据

　　丁文江自述/丁文江著；文明国编.—合肥：安徽文艺
出版社，2014.1
　　（二十世纪名人自述系列）
　　ISBN 978-7-5396-4729-6

　　Ⅰ.①丁… Ⅱ.①丁… ②文… Ⅲ.①丁文江（1887～1936）
—自传 Ⅳ.①K826.14

　　中国版本图书馆CIP数据核字(2013)第249117号

出　版　人：朱寒冬　　　　责任编辑：周　康
特约编辑：韩美玲　　　　封面设计：汪要军

- -

出版发行：时代出版传媒股份有限公司　www.press-mart.com
　　　　　安徽文艺出版社　www.awpub.com
地　　　址：合肥市翡翠路1118号　邮政编码：230071
营　销　部：(0551)63533889
印　　　制：北京鑫瑞兴印刷有限公司

- -

开本：710×1000 1/16　　印张：15.5　　　字数：180千字
版次：2014年1月第1版　　2014年1月第1次印刷
定价：30.00元

- -

目　录

第二编　人物与交游

第三编　见解与主张

第四编　游　记

目
录

丁文江这个人（代序）

胡 适

傅孟真先生的《我所认识的丁文江先生》，是一篇很伟大的文章，只有在君当得起这样一篇好文章。孟真说：

> 我以为在君确是新时代最良善最有用的中国人之代表；他是欧化中国过程中产生的最高的精华；他是用科学知识作燃料的大马力机器；他是抹杀主观，为学术为社会为国家服务者，为公众之进步及幸福而服务者。

这都是最确切的评论。这里只有"抹杀主观"四个字也许要引起他的朋友的误会。在君是主观很强的人，不过孟真的意思似乎只是说他"抹杀私意"，"抹杀个人的利害"。意志坚强的人都不能没有主观，但主观是和私意私利绝不相同的。王文伯先生曾送在君一个绰号，叫做the conclusionist，可译作"一个结论家"。这就是说，在君遇事总有他的"结论"，并且往往不放松他的"结论"。一个人对于一件事的"结论"多少总带点主观的成分,意志力强的人带的主观成分也往往比较一般人要多些。这全靠理智的训练深浅来调剂。在君的主观见解是很强的,不过他受的科学训练较深,所以他在立身行道的大关节上终不愧是一个科学时代的最高产儿,而他的意志的坚强又使他忠于自己的信念,知了就不放松,就决心去行,所以成为一个最有动力的现代领袖。

在君从小不喜欢吃海味,所以他一生不吃鱼翅鲍鱼海参。我常笑问他:这有什么科学的根据?他说不出来,但他终不破戒。但是他有一次在贵州内地旅行,到了一处地方,他和他的跟人都病倒了。本地没有西医,在君是绝对不信中医的,所以他无论如何不肯请中医诊治,他打电报到贵阳去请西医,必须等贵阳的医生赶到了他才肯吃药。医生还没有赶到,他的跟人已病死了,人都劝在君先服中药,他终不肯破戒。我知道他终身不曾请教过中医,正如他终身不肯拿政府干薪,终身不肯因私事旅行借用免票坐火车一样的坚决。

我常说,在君是一个欧化最深的中国人,是一个科学化最深的中国人。在这一点根本立场上,眼中人物真没有一个人能比上他。这也许是因为他十五岁就出洋,很早就受了英国人生活习惯的影响的缘故。他的生活最有规则:睡眠必须八小时,起居饮食最讲究卫生,在外面饭馆里吃饭必须用开水洗杯筷,他不喝酒,常用酒来洗筷子:夏天家中吃无外皮的水果,必须先在滚水里浸二十秒钟。他最恨奢侈,但他最注重生活的舒适和休息的重要:差不多每年总要寻一个歇夏的地方，很费事的布置他全家去避暑。这是大半为他的多病的夫人安排的，但自己也必须去住一个月以上；他的弟弟、侄儿、内侄女，都往往同去；有时还邀朋友去同住。他绝对服从医生的劝告：他早年有脚痒病，医生说赤脚最有效，他就终身穿有多孔的皮鞋，在家常赤脚，在熟朋友家中也常脱袜子，光着脚谈天，所以他自称"赤脚大仙"。他吸雪茄烟有二十年了，前年他脚趾有点发麻，医生劝他戒烟，他立刻就戒绝了。这种生活习惯都是科学化的习惯，别人偶一为之，不久就感觉不方便，或怕人讥笑，就抛弃了，在君终身奉行，从不顾社会的骇怪。

他的立身行己，也都是科学化的，代表欧化的最高层。他最恨人说谎，最恨人懒惰，最恨人滥举债，最恨贪污。他所谓"贪污"，包括拿干薪，用私人，滥发荐书，用公家免票来做私家旅行，用公家信笺来写私信，等等。他接受淞沪总办之职时，我正和他同住在上海客利饭店，我看见他每天接到不少的荐书。他叫一个书记把这些荐信都分类归档，他就职后，需要用某项人时，写信通知有荐信的人定期来受考试，考试及格了，他都雇佣；不及格的，也一一通知他们的原荐人。他写信最勤，常怪我案上堆积无数未复的信。他说："我平均写一封信费三分钟，字是潦草的，但朋友接着我的回信了。你写信起码要半点钟，结果是没有工夫写信！"蔡子民先生说在君"案无留牍"，这也是他的欧化的精神。

罗文干先生常笑在君看钱太重，有寒伧气。其实这正是他的小心谨慎之处。他用钱从来不敢超过他的收入，所以能终身不欠债，所以能终身不仰面求人，所以能终身保持一个独立的清白之身。他有时和朋友打牌，总把输赢看得很重，他手里有好牌时，手心常出汗，我们常取笑他，说摸他的手心可以知道他的牌。罗文干先生是富家子弟出身，所以更笑他寒伧。及今思之，在君自从留学回来，担负一个大家庭的求学经费，有时候每年担负到三千元之多，超过他的收入的一半，但他从无怨言，也从不欠债；宁可抛弃他的学术生活去替人办煤矿，他不肯用一个不正当的钱：这正是他的严格的科学化的生活规律不可及之处。我们嘲笑他，其实是我们穷书生而有阔少爷的脾气，真不配批评他。

在君的私生活和他的政治生活是一致的。他的私生活的小心谨慎就是他的政治生活的预备。民国十一年，他在《努力周报》第七期上（署名"宗淹"）曾说，我们若想将来做政治生活，应做这几种预备：

第一，是要保存我们"好人"的资格。消极的讲，就是不要"作为无益"；积极的讲，是躬行克己，把责备人家的事从我们自己做起。

第二，是要做有职业的人。并且增加我们职业上的能力。

第三，是设法使得我们的生活程度不要增高。

第四，就我们认识的朋友，结合四五个人，八九个人的小团体，试做政治生活的具体预备。

看前面的三条，就可以知道在君处处把私生活看作政治生活的修养。民国十一年他和我们几个人组织《努力》，我们的社员有两个标准：一是要有操守，二是要在自己的职业上站得住。他最恨那些靠政治吃饭的政客。他当时有一句名言："我们是救火的，不是趁火打劫的。"（《努力》第六期）他做淞沪总办时，一面整顿税收，一面采用最新式的簿记会计制度。他是第一个中国大官卸职时半天办完交代的手续的。

在君的个人生活和家庭生活，孟真说他"真是一位理学大儒"。在君如果死而有知，他读了这句赞语定要大生气的！他幼年时代也曾读过宋明理学书，但他早年出洋以后，最得力的是达尔文、赫胥黎一流科学家的实事求是的精神训练。他自己曾说：

> 科学……是教育同修养最好的工具。因为天天求真理，时时想破除成见，不但使学科学的人有求真理的能力，而且有爱真理的诚心。无论遇见什么事，都能平心静气去分析研究，从复杂中求单简，从紊乱中求秩序；拿论理来训练他的意想，而意想力愈增；用经验来指示他的直觉，而直觉力愈活。了然于宇宙生物心理种种的关系，才能够真知道生活的乐趣。这种"活泼泼地"心境，只有拿望远镜仰察过天空的虚漠，用显微镜俯视过生物的幽微的人，方能参领的透彻，又岂是枯坐谈禅妄言玄理的人所能梦见？（《努力》第四十九期，《玄学与科学》）

　　这一段很美的文字，是可以代表在君理想中的科学训练的人生观。他最不相信中国有所谓"精神文明"，更不佩服张君劢先生说的"自孔孟以至宋元明之理学家侧重内生活之修养，其结果为精神文明"。民国十二年四月中在君发起"科学与玄学"的论战，他的动机其实只是要打倒那时候"中外合璧式的玄学"之下的精神文明论。他曾套顾亭林的话来骂当日一班玄学崇拜者：

　　　　今之君子，欲速成以名于世，语之以科学，

　　则不愿学，语之以柏格森、杜里舒之玄学，则欣然

　　矣，以其袭而取之易也。（《玄学与科学》）

　　这一场论战现在早已被人们忘记了，因为柏格森、杜里舒的玄学又早已被一批更时髦的新玄学"取而代之"了。然而我们在十三四年后回想那一场论战的发难者，他终身为科学努力，终身奉行他的科学的人生观，运用理智为人类求真理，充满着热心为多数人谋福利，最后在寻求知识的工作途中，歌唱着"为语麻姑桥下水，出山要比在山清"，悠然的死了——这样的一个人，不是东方的内心修养的理学所能产生的。

　　丁在君一生最被人误会的是他在民国十五年的政治生活。孟真在他的长文里，叙述他在淞沪总办任内的功绩，立论最公平。他那个时期的文电，现在都还保存在一个好朋友的家里，将来作他传记的人（孟真和我都有这种野心）必定可以有详细公道的记载给世人看，

我们此时可以不谈。我现在要指出的，只是在君的政治兴趣。十年前，他常说："我家里没有活过五十岁的，我现在快四十岁了，应该趁早替国家做点事。"这是他的科学迷信，我们常常笑他。其实他对政治是素来有极深的兴趣的。他是一个有干才的人，绝不像我们书生放下了笔杆就无事可办，所以他很自信有替国家做事的能力。他在民国十二年有一篇《少数人的责任》的演讲（《努力》第六十七期），最可以表示他对于政治的自信力和负责任的态度。他开篇就说：

> 我们中国政治的混乱，不是因为国民程度幼稚，不是因为政客官僚腐败，不是因为武人军阀专横；是因为"少数人"没有责任心，而且没有负责任的能力。

他很大胆的说：

> 中年以上的人，不久是要死的；来替代他们的青年，所受的教育，所处的境遇，都是同从前不同的。只要有几个人，有不折不回的决心，拔山蹈海的勇气，不但有知识而且有能力，不但有道德而且要做事业，风气一开，精神就要一变。

他又说：

只要有少数里面的少数，优秀里面的优秀，不
肯束手待毙，天下事不怕没有办法的。……最可怕
的是一种有知识有道德的人不肯向政治上去努力。

他又告诉我们四条下手的方法，其中第四条最可注
意。他说：

要认定了政治是我们唯一的目的，改良政治是
我们唯一的义务。不要再上人家当，说改良政治要
从实业教育着手。

这是在君的政治信念。他相信，政治不良，一切实业教
育都办不好。所以他要我们少数人挑起改良政治的担子来。
然而在君究竟是英国自由教育的产儿，他的科学训练
使他不能相信一切破坏的革命的方式。他曾说：

我们是救火的，不是趁火打劫的。

其实他的意思是要说："我们是来救火的，不是来
放火的。"照他的教育训练看来，用暴力的革命总不免是
"放火"，更不免要容纳无数"趁火打劫"的人。所以他
只能期待。"少数里的少数，优秀里的优秀"起来担负改
良政治的责任，而不能提倡那放火式的大革命。
然而民国十五六年之间，放火式的革命到底来了，并
且风靡了全国。在那个革命大潮流里，改良主义者的丁在

君当然成了罪人了。在那个时代，在君曾对我说："许子将说曹孟德可以做'治世之能臣，乱世之奸雄'；我们这班人恐怕只可以做'治世之能臣，乱世之饭桶'罢！"

这句自嘲的话，也正是在君自赞的话。他毕竟自信是"治世之能臣"。他不是革命的材料，但他所办的事，无一事不能办的顶好。他办一个地质研究班，就可以造出许多奠定地质学的台柱子；他办一个地质调查所，就能在极困难的环境之下造成一个全世界知名的科学研究中心；他做了不到一年的上海总办，就能建立起一个大上海市的政治、财政、公共卫生的现代式基础；他做了一年半的中央研究院的总干事，就把这个全国最大的科学研究机关重新建立在一个合理而持久的基础之上。他这二十多年的建设成绩是不愧负他的科学训练的。

在君的为人是最可敬爱，最可亲爱的。他的奇怪的眼光，他的虬起的德国威廉皇帝式的胡子，都使小孩子和女人见了害怕。他对于不喜欢的人，总是斜着头，从眼镜的上边看他，眼睛露出白珠多，黑珠少，怪可嫌的！我曾对他说："从前史书上说阮籍能作青白眼，我向来不懂得；自从认得了你，我才明白了'白眼对人'是怎样一回事！"他听了大笑。其实同他熟了，我们都只觉得他是一个最和蔼慈祥的人。他自己没有儿女，所以他最喜欢小孩子，最爱同小孩子玩，有时候伏在地上作马给他们骑。他对朋友最热心，待朋友如同自己的弟兄儿女一样。他认得我不久之后，有一次他看见我喝醉了酒，他十分不放心，不但劝我戒酒，还从《尝试集》

里挑出了我的几句戒酒诗,请梁任公先生写在扇子上送给我。(可惜这把扇子丢了!)十多年前,我病了两年,他说我的家庭生活太不舒适,硬逼我们搬家:他自己替我们看定了一所房子,我的夫人嫌每月八十元的房租太贵,那时我不在北京,在君和房主说妥,每月向我的夫人收七十元,他自己代我垫付十元!这样热心爱管闲事的朋友是世间很少见的。他不但这样待我,他待老辈朋友,如梁任公先生,如葛利普先生,都是这样亲切的爱护,把他们当作他最心爱的小孩子看待!

他对于青年学生,也是这样的热心:有过必规劝,有成绩则赞不绝口。民国十八年,我回到北平,第一天在一个宴会上遇见在君,他第一句话就说:"你来,你来,我给你介绍赵亚曾!这是我们地质学古生物学新出的一个天才,今年得地质学奖金的!"他那时脸上的高兴快乐是使我很感动的。后来赵亚曾先生在云南被土匪打死了,在君哭了许多次,到处为他出力征募抚恤金。他自己担任亚曾的儿子的教育责任,暑假时带他同去歇夏,自己督责他补功课;他南迁后,把他也带到南京转学,使他可以时常督教他。

在君是个科学家,但他很有文学天才,他写古文白话文都是很好的。他写的英文可算是中国人之中的一把高手,比许多学英国文学的人高明的多多。他也爱读英法文学书,凡是罗素、威尔士、J. M. Keynes的新著作,他全都购读。他早年喜欢写中国律诗,近年听了我的劝告,他不作律诗了,有时还作绝句小诗,也都清丽可喜。朱经农先生的纪念文里有在君得病前一日的《衡山纪游》诗四首,其中至少有两首是很好的。他去年在莫干山做了一首骂竹子的五言诗，被林语堂先生登在《宇宙风》上，是大家知道的。民国二十年，他在秦皇岛避暑，有一天去游北戴河，作了两首怀我的诗，其中一首云：

　　峰头各采山花戴，海上同看明月生；此乐如今七寒暑，问君何日践新盟。

后来我去秦皇岛住了十天，临别时在君用元微之送白乐天的诗韵作了两首诗送我：

　　留君至再君休怪，十日流连别更难。从此听涛深夜坐，海天漠漠不成欢！
　　逢君每觉青来眼，顾我而今白到须。此别原知旬日事，小儿女态未能无。

这三首诗都可以表现他待朋友的情谊之厚。今年他死后，我重翻我的旧日记，重读这几首诗，真有不堪回忆之感。我也用元微之的原韵，写了这两首诗纪念他：

　　明知一死了百愿，无奈余哀欲绝难！高谈看月听涛坐，从此终生无此欢！
　　爱憎能作青白眼，妩媚不嫌虬怒须。捧出心肝待朋友，如此风流一代无！

丁文江这个人（代序）

　　这样一个朋友，这样一个人，是不会死的。他的工作，他的影响，他的流风遗韵，是永永留在许多后死的朋友的心里的。

　　　　　　　　　　　　　　廿五，二，九夜

　　　（《独立评论》第一八八期，一九三六年二月）

丁文江
自述

第一编
学术自述

我国的科学研究事业

科学研究事业在中国才不过有二十年的历史，而中央政府所属的机关，有中央研究院，北平研究院，实业部的地质调查所，农业实验所，工业实验所，经济委员会的蚕丝改良会，棉产改进所，茶业及畜牧改良场，卫生实验处以及军事机关所属的实验室，等等。再加上各大学的研究院和各省政府所属的研究机关，如两广，湖南，河南地质调查所之类。政府所用于科学研究的经费，合计起来在三百五十万元以上。此外私立的团体，在北平有静生生物调查所，在塘沽有黄海工业化学研究社，在天津有南开大学经济学院，在南京有中国科学社的生物研究所，在重庆有中国西部科学院，他们经费一共大概在三十万元左右。所以公私两方面用于科学研究的款项，每年当不下四百万元。

要在几十分钟里面说明公私各机关的工作成绩，当然是不可能的。最近蔡子民先生在六中全会纪念周讲演，有一篇有系统的报告，登在十一月五日至八日的《中央日报》，诸位可以拿来参考。我今天与下次二十八日讲演，只能就我所知道最详细的几个机关，向诸位报告。

中国科学研究机关成立最早的是实业部的地质调查所。民国元年南京的临时政府，在实业部矿政司之下，已经设了一个地质调查所。民国二年北京政府把他改为地质科，三年又改为地质调查所，仍属于矿政司。田野的工作民国二年已经开始。同时为养成技术人员起见，农商部与北京大学合办了一个地质研究所。民国五年，地质调查所改为地质调查局，离开了矿政司而独立。以后虽然再由局改所，但是性质上仍是农商部的附属机关，与民国五年以前不同。地质研究所同时于民国五年停办，毕业的学生就是当日地质调查局的基本职员。

地质调查所开办的时候，大部分的工作是研究中国的矿产，特别是煤铁。铁矿研究当日有瑞典的地质家安得生先生指导。从民国五年到民国十年，五年之间，所发现的新的铁矿有一万万吨之多。同时所有北方的重要煤田都经过了科学的研究。结果是我们第一次对于中国的煤铁储量，得到了比较可靠的估计。许多人都知道，六十五年前，有一位著名的德国地质家李希霍芬（Richthofen）子爵到中国来作地质旅行。他在中国不过两年，而旅行的区域很广，所以当然不能作任何详细的工作。他看见中国到处有煤——尤其在北方几省——而且当日山西的土法炼铁，还没有受外国钢铁的影响。所以他以为中国的煤铁工业，前途异常远大。从此世界上人都以为中国是矿产最丰富的国家，是第二个美国。一八九六年德国人的侵略胶州，以及各国人的要求矿权，都是受了他宣传的影响。等到地质调查所成立以后，我们详细研究的结果，才知道一方面可以发现新的铁矿，一方面旧式的铁矿事业，如山西的平定潞安泽州，没有存在的可能。煤量虽然比铁矿丰富的多，但也远不及一般人想象之大。民国二年国际地质学会所出版的《世界之煤量》，说中国的煤量，有九百九十六亿之多（一亿等于一千兆）。地质调查所研究的结果，才知道实际的煤量不到上面所说的数目四分之一，而且大的煤田，离海岸很远，可以炼焦的烟煤，并不很多。所以中国的富源，不能希望与西欧或北美作比较的。

煤铁如此，石油、铜、铝、金、银等矿也是如此。这种矿分布都有相当的面积，储量都不很大。只有江西的钨，湖南的锑，云南的锡是我们的特产——尤其是钨与锑，这两种金品我们可以支配世界的市场。

地质调查所基本的职务是测量全国的地质图。地质调查所普通用的比例尺，除去了特别重要的地点以外，是二十万分之一。已经出版的材料一部分是二十万分之一，一部分是一百万分之一。一百万分之一的地质图，照国际协定，每张应包括纬度四度，经度六度。如果把新疆、西藏、蒙古、青海、西康，东三省除外，应该有三十张图，才能够普遍全国。二十年努力的结果，已经测量的面积，只够做十二张图。但是所测量的面积已经在一百五十万方公里以上！

除去了研究矿产测量地质图以外，与地质有关系的科学，如矿物，岩石，古生物，当然也在地质调查所工作范围之内。其中古生物尤为重要。因为要作地质图，先要知

第一编 学术自述

道地层的分类，古生物学是地层学的根本。民国九年，地质调查所与北京大学合聘前美国哥伦比亚大学教授葛利普先生（Grabau）为古生物组主任兼北京大学教授。葛先生不久就训练一班青年，做中国古生物的工作。地质调查所出版一种古生物志，专门印刷这种工作的结果。《古生物志》第一册是民国十年出版的。到民国二十二年为止，一共出了七十册，共有六千四百多页。中国人之外，有英美德法瑞典古生物家的著作。《古生物志》变成功国际上很有名的刊物。除古生物之外，地质调查所还出版了二十四册汇刊，十七册专报，一共有七千几百页。这几乎完全是本国地质学者的著作。

上面所说的都是地质学者分内的工作。近几年来地质调查所于他的分内工作以外，又研究地震、土壤、燃料与先史。

地震的研究，完全是地质调查所所长翁文灏先生个人兴趣的产物。民国九年，甘肃大地震，受害的人在十万以上。翁先生那时代理地质调查所所长。到甘肃去调查回来，就注意中国历史上关于地震的纪录。民国十九年，因为有朋友捐助，才在北平的西山建筑一个地震室。设有Wiecher地震仪两副，Galitsin仪三副，适合于所谓头等地震室的设备。从民国十九年以来，继续观察，每两月出专报一册，与世界各国的地震研究交换。

地震研究室成立以后，不久地质调查所又受中华教育文化基金会的委托，组织土壤研究室。先后请了两位美国人主持其事。慢慢的训练了许多本国的青年做土壤调查的工作。并且发行一种土壤专报,登载他们工作的结果。

许多年努力于田野工作的结果,大家渐渐觉得在中国很少有发现大量石油的希望。于是地质调查所渐渐的注意到利用煤提炼汽油的问题。起初也得到私人捐款,最近又受经济委员会的补助,在南京建筑燃料研究室,专门研究低温蒸馏与氢化,希望将来能够利用我们的煤,来供给我们汽油的需要。

最后还有和协和医学校合作的新生代地质研究室。民国十年安特生先生在距北平一百里的周口店地方,发现了脊椎动物的化石。民国十六年,地质调查所得到了罗氏基金的补助,请协和医学校解剖系的主任布拉克先生为名誉主任。领导杨钟健,裴文中先生,在周口店石灰山洞开始大规模的发掘。不久就发现了所谓"北京人"(Sinanthropus Pekinensis)的遗骨。这是世界上最古的人种之一。到现在为止,寻得了有二十几个人的遗骨。并且有石器和用火的遗痕。这是我们对于世界先史学上极大的贡献。所以现在国际科学界几乎没有人不知道中国地质调查所工作的重要。

这是我国最早研究科学机关的小史。现在大多数人都知道地质调查所的成绩,但是很少有人了解他的成功的秘诀和当事人的牺牲。民国以来,北京政府所设的研究机关,地质调查所以外,还有许多,何以只有这个至今存在而且受社会上的称许呢?

第一,地质调查所是一个极穷的机关。民国五年开始组织的时候,预定是十二万元一年。从民国五年到民国十五年，每年实际收到的经费，平均不过五万元。最少的时候，不到三万元。到至今政府所给的经费也还不过七万二千元。当事人的困难，可以想见。但是正是因为穷的缘故，所以免去了许多政治上的干涉。因为经费少所以薪水也比较的少，而且田野工作，是件极苦的事。很早的时候，大家都知道地质调查所工作极其紧张，而待遇极薄。起初还有人向所长乱荐条子，到以后不是对于地质真有兴趣的人，提到地质调查所就摇头不愿意加入。因此在政治很混浊的环境之下，地质调查所居然能够没有受他的传染。民国以来，任何政府机关的长官都常常更换。惟有地质调查所始终只有过两个所长。现在的所长翁文灏先生在职已经十四年。管辖他的农商部实业部部长和代理部长的人，却更换了二十个以上！因为穷所以能不养闲人，所以所长能久于其事。这是地质调查所成功的第一个条件。

第二，从开办以来，地质调查所即注意于实用问题。不但他们发现了许多新矿，而且调查地质矿产的人随时随地帮开矿的人忙。不论是测量矿区图，或是地质图，化验矿质，决定打钻地点，只要是真正办矿的人，地质调查所都愿意帮他工作，帮他计划，个人与机关都不受任何的酬报。所以矿业界的人，都知道地质调查所是他们的朋友。遇有政治上的困难，大家出来替他说话。而且这二十年中，私人捐助他的款项，将近二十万。所有地质调查所在北平的图书馆，解剖室，古生物与燃料研究室，地震室，都是用私人的捐款来建筑的。政府的研究机关，而得到大量的私人捐助，恐怕只有地质调查所一个。

第三，地质调查所能够充分的利用外国学者。近几年来，许多研究科学的青年，受了民族主义的影响，往往不愿和外国人合作，或受外国人指导。不知道这是大错误的。科学原来是西欧的产物。欧美人研究科学，至少已经有一百五十年的历史。我们才不过二十年。人家当然比我们高明，我们当然要与外国人合作，受外国人指导，方始有赶上人家的希望。反过来说，有许多政府机关雇用外国人，往往不能用他，而为他所用。不知道外国人虽然比我们高明，但是他不会说中国话，不知道中国的需要。没有相当的中国人作领袖来指挥他，不但他不能尽其所长，而且还要误事。况且一般的外国科学家虽然比我们高明，但是能够指导我们而又能到中国来的人，却是少数。地质调查所所聘用的外国人，都是头等人才，都在长官指挥之下，与他的中国同事合作，所以才能收相当的效果。

上面所说的几个条件，虽然重要，若是没有一个很牺牲自己的所长，地质调查所也决不能有今日的成功。当民国十四年到民国十六年地质调查所最困苦的时候，翁文灏先生完全不要薪水。二十三年前，所长是荐任官，但是翁先生因为不愿意离开地质调查所，所以不愿意作清华的校长和教育部部长。目前所长改为简任官了，而翁先生拿的是简任官最低的俸给。这种精神，当然传播到全所职员心里面。许多人宁可少拿薪水，不愿意离开地质调查所。作田野工作的人，把吃辛苦，冒危险，当作极平常的事。民国十八年，赵亚曾先生奉派往四川到云南。宁可在昭通被土匪打死，不肯放弃原来调查的计划。民国十九年冬天，王恒升先生在黑龙江边界被俄国的军队当作奸细捉了去，关在西北利亚监狱里，喝凉水吃黑面包十八天，两次几乎枪毙。等到他被放出来，到了满洲里，他照常的作他的田野工作。一直等到预定的计划实行了，方始回去。这种精神，是我们民族复兴的根本。我愿意青年个个都知道这种事实，个个都学他们的榜样。

科学研究机关继地质调查所成立的，是科学社的生物研究所。科学社是我国留美学生所组织，于民国四年在美国绮色佳城成立。民国七年办事机关从美国迁到本国来。当时的事业是编印所谓《科学》，是一种通俗的杂志。民国九年秉志先生从美国回来担任东南大学的动物学教授。秉先生是科学社的发起人，并且是第一届理事之一。他是最热心研究的人，但是东南大学原本是高等师范改的，不但仪器设备很简单，房屋很窄小，而且教课很繁重，当局对于研究的工作也没有提倡的能力。于是秉先生就想利用科学社来做研究生物学的根据。恰巧财政部把南京成贤街文德里的官产拨给科学社做社所。除去了办公室，图书馆之外，还有几间余屋。秉先生就联合他的朋友东南大学植物学教授胡先骕先生提议在科学社里面组织一个生物研究所。于十一年成立，秉先生做所长，胡先生做研究员。当时生物研究所只占得两间小房子，每年的经费只有二百四十元！秉先生胡先生不但不支薪水，而且同他们的朋友陈焕庸，陈桢两先生各人把他们自己的书籍拿了出来，放在科学社作为公共的图书馆。所必需的仪器药品都从东南大学借得来使用。日里忙于教书，没有时间，晚上吃了晚饭以后再跑到所里来工作。十二年又向科学社要得两间大点的房子，做陈列室。这一年的秋天，江苏省政府决定一个月补助他们三百元。从十二年到十五年这三年之中，科学社生物研究所的经费一年一共不过三千八百四十元！但是秉先生和他的朋友们分别担任采集，陈列，研究各项的工作，先后发表了八篇论文。他们的工作都是夜里和夏天做的，因为别的时间都忙于教书。我还记得十三年夏天，科学社在南京社所开十周年纪念大会。那一天天气酷热，屋子里坐不住，会里一切程序都在露天举行的。吃了晚饭以后，举行各种游戏和娱乐，我到处找秉先生，看不见他的影子。到后来才知道他和他的助手都藏在楼上抱着他们的显微镜呢！不久江浙战争起来，南京屡次发生恐慌，但是秉先生们不但没有搬家逃难，而且每天照常工作，没有间断过。

十五年以后一直到现在，科学社受了中华教育文化基金的补助，经费比以前渐渐的宽裕了。补助费第一次是一万五千元一年，目前是四万六千，最多的时候也不过五万。而生物研究所一面常期派人在野外采集标本，一面建筑新屋，增加设备。现在仪器，陈列室已经粗备，出版的论文有九十多篇，藏书有九千余册，标本五万多件。用款的经济，比一般政府机关真可谓有"天渊之别"了。

科学社生物研究所的工作，大部分注重于分类。近几年来颇有人责备秉先生，以为他的工作太不时髦了，太狭隘了。这种批评是不公道的。不错，在欧美各国动植物的分类学是已经过时的了。然而这是因为他们已经把本国的动植物的种类分布，在这二百年中弄明白了。并不是分类学不重要。我们则刚刚着手。譬如与动植物有实用关系的莫过于渔业，农业和森林。假如我们连有几种鱼，几种树，几种害虫，都说不明白，如何能讲到应用，高谈深造呢？秉先生做分类的工作，在他个人是一种牺牲，因为他本来是学体形学（morphology）的，他个人的兴趣原不在分类的。动植物学范围太广泛了。要把各种研究工作都包括在一个机关里面，本来是不可能的。何况他的经费，只有四万六千元一年呢！

我开始已经说过，中国现在的研究机关渐渐增多起来了。我所以单讲地质调查所和科学社的生物研究所的原因，一来是时间不够，二来是我个人对于这两个机关特别的知道清楚，尤其是他们两个都经过艰难困苦的创造。我不是为我的朋友来"标榜"——他们的成绩俱在，用不着任何人标榜的。我是要使有志的青年，知道这种事实。"闻风兴起"。我常常对中年人说："现代的青年比我们高明。"我也要对青年说："社会不是万恶的，有几个前辈的做人治学的精神是足以做青年人的模范的。"

（以上是十一月二十六日讲的，以下是二十八日讲的）

我今天所要讲的是我国科学事业的联络与合作。但是我先要说明中央研究院的历史与任务。

中央研究院是民国十七年四月成立的。照组织法，他是中华民国最高学术研究机关，直接隶属于国民政府。他的任务，一是实行科学研究，二是指导联络奖励学术的研究。为实行第一种任务，中央研究院共设立了十个研究所。物理，化学，工程三个所因为要同国内外工业机关联络，所以设在上海。此外天文，气象，地质，动植物，心理，历史语言，社会科学与管理行政的总机关都集中在南京。由此看起来，中央研究院研究的范围是极其广泛的，一方面包括自然科学的大部分，一方面包括社会科学与历史语言。要了解他研究的内容，我们可以把他的任务分析为三种。

第一是许多有常规的任务（Routine Service），如天文研究所的推算历本，观察变星，数日中黑子；气象研究所的观察温度，气压，风向，报告天气，显然是属于这一类的。不但如此，就是化学的普通分析，工程的标准试验，物理的地磁测量，地质的测绘地质图，动植物的采集标本，都可以算是一种有常规的任务。严格讲起来，这不能算是研究（Re-search），但是这是许多研究工作的基本，而且往往要经过长期的时间，才可以得到结果。譬如工程师要建筑桥梁，防止水患，农林家要改良农产，提倡森林，都要知道许多年这些地方的平均的雨量。这种工作，在任何国家，都是由政府直接担任的，担任这种任务的机关，往往是独立的。在中国却偶然的容纳在一个总机关——中央研究院——之下。这当然可以有很明显的好处，因为在一个机关之下，比较的容易使得做这种工作的人互相联络，互相援助，一切工作合理化，合作化，以最少数的经费，来做最大量的任务。

中央研究院最重要最有实用的任务，是利用科学方法来研究我国的原料和生产。在我们工业落后的国家，要自己有新异的发明，是很不容易的。然而我们有我们特殊的天产，传统的技能。假如我们能了解我们原料的质量，生产的原理，很容易利用新方法来改良旧的工业，或是开发新的富源。譬如矿产，用地质学的方法来发现新矿，我上次讲演已经提到实业部地质调查所的成绩了。现在我要就中央研究院地质研究所的成绩来举一个例。

浙江平阳矾山铺地方，向来是出明矾的，五年前中央研究院研究员叶良辅先生去调查，方才知道这是世界上第一个大的矾矿。他的储量，将近三万万吨，矾矿（Alunite）原来是一种硫酸钾铝。我们现在用土法把他做成明矾（alum）价值很少，而且销路很窄。每年出产不过值六十多万元。假如我们能把原来的矾矿一方面制造成氧化铝，作为炼铝的原料；一方面制造成硫酸钾，或是利用一部分的硫酸，制造硫酸锌，所得到的结果，就从用途很有限的明矾，变为几种销路极大的必需品。每年生产的能力，一定可以增加几十倍。目前这一个问题中央研究院化学研究所和塘沽的化学工业社都正在着手研究。因为技术上还有困难，所以还没有到真正成功的地步。但是知道矾山铺的矿量如此之大，就是这种研究的发动点。因为矾矿当然外国也是有的，不过矿量都比较的小，所以不值得注意，不值得研究新法子利用他制造铝或是肥料。我们既然知道这种矾矿是我们很大的富源，当然不肯轻易放过，仅仅把他作为制造明矾的原料了。

大家都知道瓷器是我们老祖宗所发明的。而近年以来，我们的瓷器业，慢慢的衰落，不能与日本的瓷器竞争。最重要的原因只不外乎两种：第一我们制造瓷器的工人，只知道遵照历史相传的方法来做坯，做釉，烧窑。对于一切作用，但知其然而不知其所以然。譬如为什么缘故表面上一样的陶土，在景德镇可以做白瓷，在宜兴只能作紫砂？你要问烧瓷的工人，他说不出缘故来的。所以不但不能进步改良，而且因为原料质量的变迁，出产品反退化起来。第二因为外国的瓷品是用机器做的，质量都有一定的标准。我们是完全用手工，质量不能一定。诸位只要到瓷器店里看看江西出的碗，同一个窑的出品，大小形式都不能一样，就知道新旧式工业的优劣，和我们应该努力的途径了。中央研究院在工程研究所里附设了一个陶瓷试验场。先与地质研究所合作，把江苏，浙江，福建，江西，湖南各处的陶土釉料，彻底研究他们地质上的成因储量，用标准的方法，采取矿样来分析试验，使各种的原料，都可以标准化（Standardization），然后选矿量最丰富，矿质最适用的原料，用小规模的机械，试验制造陶器。这种工作，开始还不很久，但是我相信短期里总可以有相当的结果，可以作我们陶业复兴的基础。

还有许多农工业上常用的方法，在外国可能，在中国不可能。要想模仿人家，必须要了解中国的环境，重新自己研究。譬如棉花有几种重要的病害，叫作炭疽病，角斑病，苗萎病和立枯病。这都是因为细菌妨害棉子的缘故。这种细菌，一部分附生于棉子的壳上，一部分藏在土壤里面。在外国都是在播种的时候，一面把棉子用药品消毒，一面把毒药撒在土壤里面。在中国这种方法，都不能采用。一来因为药品要向外国购买，价钱太贵，二来因为我们的农民太穷，花不起这种消毒的资本。而这种病害，在我国极其流行。受了这种病的棉花，或是发黑生斑，或是枯萎，每年损失很大。最近中央研究院动植物研究所邓叔群先生研究这个问题，得到了解决的方法了。他试验的结果，如果在播种以前，先把棉子放在滚水里面浸过，棉子壳上所附生的毒菌，都可以杀死。棉子壳子很厚，在滚水里浸过，不但无害而且可以使他早点发芽。再用氯化汞和草灰涂在棉子上面，然后播种，上面所说的病害，完全可以消除。氯化汞是一种毒药，可以消灭土壤里的病菌。因为不撒在土里面而用草灰相和，杀菌的效用相同而所需要的数量较少。而且我国农民的习惯都先用草灰拌子而后播种，所以如此办法并不多费人工。滚水是不用费多少钱的，据邓先生计算，用他的方法，每一亩地所用的棉子，只要用一两氯化汞，就可以发生效力。一两氯化汞照市价才不过一角多钱。比外国所用的旧法子经济得多了。如果我们的农民能够利用这种方法来种棉花，每一亩只要化极少数的钱，就能完全防止四种病害，减少的损失，至少比消毒所费的钱要多十倍。

麻黄原是中国的旧药，但是用法极不科学。自从陈克恢先生在协和医学校研究证明麻黄里所含的精Ephedrine是治喘病的特效药，麻黄的真正作用方才明了。所以现在北平研究院特设了一个药物研究所，请赵石民先生研究中国药材。中央研究院的化学研究所，也有人和赵先生合作做这种工作。但是比药物尤其重要的是我们的食品问题。谁都知道中国劳工的效能极低，比不上欧美人的一半。譬如中国的矿工，一个人工作十二小时，平均只能挖煤半吨。英国的矿工，在差不多同样的情形之下，工作八小时，能挖煤一二吨。可是欧战的时候，中国这种矿工，被英国人运到法国去挖战壕。吃的面包牛肉，工作的效能并不在西欧人之下。劳动阶级的工人如此，小资产阶级的学生也是如此。凡是检查过中国学生身体的人，都知道中国的学生，体格发育，大都不能健全。其原因都是因为所吃的东西，不够营养。我们不能希望个个人都能吃肉。但是希望学化学的人，研究我们通常的食品，决定他们的营养价值，使得我们能用科学的根据，来重新分配我们的食品。据清华大学教授萨本铁先生的研究，北平的大萝卜所含的生活素，与美国橙子一样。果然如此，不但穷人应该多吃萝卜，有钱的人也可以少买一点美国橙子。中央研究院化学研究所正着手研究这一种问题。如果能在我国国民经济能力范围之内，改良我们的食品，一般国民的工作效能，一定可以增加了许多。

凡此种种，举不胜举。上面所说的不过就中央研究院已经着手的问题，随便举几个实例而已。

以上所说的两种任务以外，中央研究院还有许多工作，一部分是没有直接经济价值的，如所谓纯粹的物理和化学。一部分是完全没有经济价值的，如历史语言人种考古。

先讲所谓纯粹科学问题。国家是否应该化许多钱来提倡没有直接经济价值的研究。世界各国，在过去与现在都有人提出这个问题。可是事实上凡是应用科学发达的国家，没有不同时极力提倡纯粹科学的。美国有许多纯粹科学研究，都是实业界花钱。因为纯粹与应用，根本无从分别的。许多科学的应用，都是发端于所谓纯粹的研究，这种例子举不胜举。工程学的全部是从物理化学来的。无线电和X光线就是很明显的实例。就地质学而言，最无用最纯粹莫过于古生物。近来美国因为搜求油矿，不能不利用古生物来计算油层的上下深浅。古生物学一变而为石油地质学者的必需科目。翁文灏先生说得好，科学是整个的，本无所谓纯粹与应用。与其说应用的科学，不如说科学的应用。

其次要说到历史语言考古人种和所谓社会科学。这里面一部分是最新的科学，如考古人种；一部分是最古的学问，而最近才科学化的，如历史语言。既然科学化了，他的性质与所谓自然科学，就没有根本的分别。凡上面所讨论纯粹科学的话，都可以引用到这里来。而且在今日的中国，研究这种学问的人，还有一个很大的使命。中国的不容易统一，最大的原因，是我们没有公共的信仰。这种信仰的基础，是要建在我们对于自己的认识上面的，历史和考古，是研究我们民族的过去，考古人种及其他的社会科学是研究我们民族的现在。把我们民族的过去与现在都研究明白了，我们方能够了解自己。最明显的例，莫如历史与考古。许多守旧的人，还相信上古有"黄金时代"，所以主张维持旧礼教，读经，复古。中央研究院近几年来，在河南安阳县发掘商朝时代的旧都与陵墓。得到许多材料，使我们了解那时候人的生活状况。他们迷信的奇异残酷，生活的简单幼稚，很可以帮助我们打破"黄金时代"的观念。譬如一个皇帝死了，殉葬的车马器皿不算外，还要砍几百个人头，埋在四面，宫室大都是板筑，因为砖瓦还没有发明。皇帝的祭祀，田猎，战争，一切都听命于卜卦，把龟板上挖一个窟窿，用火烧他，然后再看上面的裂痕，来断定所卜的吉凶。如果主张复古的人是对的，复古应复到什么程度？假如我们恢复到商朝的文化程度，我们又如何能够生活？考古历史的贡献如此，其他也复如此。了解远东各种民族根本是无大区别，有测量可证；了解各种方言完全是一种语言的变相；了解中华民国是一个整个的经济单位，分裂以后，无法生存，然后统一的基础，才建设在国民的自觉之上。

以上所讲的是中央研究院实行科学的办法。至于指导联络奖励学术研究的任务，是由中央研究院的评议会主持。评议会一共有四十一个会员。中央研究院的院长与十个所长，是当然会员。其余的三十个人是由各国立大学校长选举，再由国民政府聘任的，第一任的评议会于本年九月成立。凡国内重要的研究机关，如北平研究院，地质调查所，农事实验所，科学社的生物研究所，中华教育文化基金会的静生生物调查所，黄海工业化学研究社，北京，清华，武汉，中央，中山，浙江，南开，协和，燕京各大学都有代表当选。所以中央研究院的评议会，是一个代表全国学术研究的机关。开会的时候，照中央研究院已经设立的科目分组，再由各组委员会，调查全国研究机关的成绩和全国学者所发表的著作，以为将来联络合作的基础。

其实在评议会成立以前，国内的研究机关，已经有相当的联络与合作。譬如地质，有实业部的地质调查所，中央研究院的地质研究所，两广地质调查所，河南地质调查所，湖南地质调查所。近几年来这三个机关的工作，都有合理的分配，从来没有丝毫的重复，并且各机关互相援助，不分界限。譬如去年两广地质调查所调查广西地质，职员不够分配，就由中央研究院派了两个人加入。中央研究院派了一个研究员到云南调查矿产，地质调查所又派一个调查员做他的助手。湖南地质调查所经费不足，中央地质调查所每年就补贴他八千元，并且派人在湖南帮他们工作。又譬如生物，中央研究院的动植物研究所，中国科学社的生物研究所，在北平的静生生物调查所，北平研究院的动物植物研究所，都商量得有分工合作的办法。在北平的机关，担任中国北部的生物调查。科学社担任扬子江流域生物的分类，中央研究院则注重沿海的海洋生物。沿太平洋的国家有一个太平洋科学协会。会里面有一个研究海洋学的委员会。各会员国家都设有分会。本年四月，中国的分会，由中央研究院发起成立。分为：一、渔业技术；二、渔业；三、珊瑚礁；四、物理海洋学；五、海产生物学五组。各组会所代表的机构，除中央研究院外有北平研究院，中国科学社，静生生物调查所，实业部，海军部海道测量局，山东、厦门、中山各大学，青岛市观象台，中国动物学会，江浙两省水产试验场等团体。当时决议在厦门，定海，烟台，青岛四处设立海洋生物研究室。由厦门大学，中央研究院，北平研究院，山东大学和青岛观象台分别主持。同时海军部海道测量局，用资源委员会，财政部盐务署，中央研究院三处的补助费，提前测量扬子江口到海州的海道详图。第三舰队又把定海军舰，借给中央研究院，在山东半岛渤海湾作研究海洋生物的工作。中央研究院的职员常常在各大学担任教课。可是他们虽然兼差却不兼薪。因为中央研究院所有的职员，都受严格的限制，不准以任何名目，在院外受任何的薪水和公费。

此外中央研究院与各方面合作的事业，还有很多，我没有时间详细说明。上面所举的几个例，已经可以证明国内的研究机关，并没有多少冲突或是重复。而他们的互助合作的精神，很可以为其他团体作模范的。

最后还有一个问题，值得我们的讨论。我上一次播音的时候，曾经讲过，现在中国公私方面，每年用于科学研究的款项，大约在四百万元左右。要知道这个数目的意义，我们可以拿其他各国来作比较。据美国中央科学研究评议会Na-tional Research Council的估计，美国每天所用于工业研究的费用，约为七十五万美元。所以我们全国用于科学研究全年的经费，还抵不上美国用于工业研究的两天的款项。上面所说的数目，还不包括美国各博物院，各大学及政府机关，如中央地质调查所之类，单是地质调查所，每年的经费就有三百万美元之多。各项合计起来，美国全国每年用于科学研究的款项，至少有三万万美元。照现在的汇兑，约有国币九万万元。所以我们用于科学研究的经费，还抵不上美国二百分之一。据赫胥黎（Fulean Huxley）估计，英国人用于科学研究的费用，约为美国四

第一编 学术自述

分之一。就是比我们要多五十倍。我们的人口，比美国要多四倍，比英国要多八倍。我们一切工业学术都比英美人落后一百几十年。由此可以知道我们现在所用于科学研究的经费，与我们的需要相比，真正不过是九牛的一毛！

（《申报》，一九三五年十二月四日、六日、八日、九日）

我的信仰

　　有许多人看了我第一次给《大公报》做的《统一与公共信仰》那篇文章，不约而同问我道："你的信仰是什么？"

　　这是一部二十四史，不容易在二千多字的社论里面说得明白的，因为信仰是包括情感和知识而言的。有了情感，问题就复杂了。譬如建筑北平图书馆的时候，有人主张用宫殿式的图样，所以单建筑费用去一百四十多万，屋里多了许多无用的大柱子，遮碍光线。建筑费用多了，购书费不得不相当的减少。这就是证明当日主张的人相信宫殿式建筑的价值远在藏书之上，远在光线之上，不妨牺牲后二者来达到前者的目的。这大部分是情感问题，不是单从知识方面讨论所可以解决的。所以我现在讲我的信仰，一来为篇幅所限，不能不提纲挈领，二来一部分是个人的情感，无法证明是非，难免有武断的嫌疑，请读者原谅。

　　讲起信仰来，第一个要解决的是善恶问题。我大胆下一个定义道：善的行为是以有利于社会的情感为原动，以科学知识为向导的。人不能离社会而独立的，所以善恶问

第一编　学术自述

题离开社会讲，就完全没有意义。社会里各人有各人的利害，各人有各人的欲望，不但各人的利害欲望往往冲突，就是一个人的利害欲望有时也是互相冲突。我可以再下一个定义道：凡能够满足最大多数人最大部分的欲望的行为，就是有利于社会的行为。

知识问题也要下几句注解。我说以"科学知识"为向导，其实科学二字是可省的，因为我相信不用科学方法所得的结论都不是知识；在知识界内科学方法万能。科学是没有界限的：凡是现象都是科学的材料；凡是用科学方法研究的结果，不论材料性质如何，都是科学。从这种知识论所得的结论是：举凡直觉的哲学，神秘的宗教，都不是知识，都不可以做我们的向导。我不相信有主宰世界的上帝，有离身体而独立的灵魂。不错，我不能完全证明上帝和灵魂是没有的。但是第一：证明的责任是不在我而在相信神秘的人，因为上帝和灵魂都是看不见，听不到，摸不着的东西。你相信它们是有的，应该先请你拿证据来。第二：没有上帝和灵魂的可能性，比有的要大得多。科学的原则，都是可能性的问题。人人都相信太阳明天是要从东面出来的，然而严格讲起来，谁能证明太阳明天一定从东面出来？不过从东面出来的可能性与不从东面出来的可能性相比较，是几万万万与一的比例而已。

这虽然是消极的结论，但是了解它才能够明白为什么王荆公说"天变不足畏，祖宗不足法"。我还要把他的"人言不足恤"换为"圣贤不足信"。马克斯也好，列宁也好，孙中山也好，若是他们的话与我们的知识相冲突，我们就没有法子相信它的。

许多人并不十分相信神秘的宗教，但是他们以为没有神秘的宗教，社会的秩序就根本不能维持。我以为他们误会了宗教的来源了。宗教心是为全种万世而牺牲个体一时的天性，是人类合群以后长期演化的结果，因为不如此则不能生存。不但人类，就是合群的动物如蚁如蜂，都有这种根性。神秘的宗教包含这一种天性在内，不过神秘的部分是从恐惧自然界演化出来的。现在我们对于自然界的了解逐日的明白起来，我们的态度由恐惧而一变为利用，神秘当然无法保存，然而这几十万年合群天择的结果，已经把宗教心种在人类的精血里，不是可以随着神秘消灭的。这就是我这段话的证据。

我并不是说人人都有同样的宗教心。因为人不但不是同样的，而且不是平等的。十八世纪以来讲平等的人大抵是富于情感的人。二百年来的经验完全可以证明这种情感的错误。宗教心是人人都有的，但是正如人的智慧，强弱相去得很远。凡是社会上的真正首领都是宗教心特别丰富的人，都是少数。因为如此，所以我对于平民政治——尤其是现行的议会的政体——没有任何的迷信。

同时我也不是迷信独裁制的。在现代社会中实行独裁的首领责任太重大了。任何富于天才的人都很难称职。何况这种制度的流弊太显明了。要能永久独裁，不但必须要消灭政敌，而且要使政敌不能发生，所以一定要禁止一切的批评和讨论。在这种制度之下做首领的腐化或是"盲化"只是时间问题。我以为假如做首领的能够把一国内少数的聪明才德之士团结起来，做统治设计的工作，政体是不成问题的。并且这已经变成为资本主义共产主义国家所共有现象——罗斯福总统一面向议会取得了许多空前的大权，一面在政客以外组织他的智囊团，就是现代政治趋向的风雨表。

我说善的行为要以有利于社会的情感为原动。凡能够满足最大多数最大部分的欲望的行为就是有利于社会的行为。拿这个标准来测量目前的许多问题，我们不难得到具体的结论了。譬如男女问题，阶级问题，都可以拿这块试金石来验一验的。为满足男子欲望而牺牲女子的欲望，为满足少数资产阶级的欲望而牺牲多数劳动者的欲望，都与上面的定义不符，都不是有利于社会的。照我的定义，宗教心是有利于社会的，是人人有的根性。可惜此外人类还有许多不利于社会的根性存在。其中最可怕的莫过于嫉妒心。要使得嫉妒心在社会上少发生恶影响，最有效力的方法是减少物质享受的不平，所以我一方面相信人类的天赋是不平等的，一方面我相信社会的待遇不可以太相悬殊。不然社会的秩序是不能安宁的。近年来苏俄的口号"各人尽其所长来服务于社会，各人视其所需来取偿于社会"，是一个理想的目标。

然则我何以不是共产党的党员？第一我不相信革命是惟一的途径——尤其不相信有什么"历史的论理"能包管使革命会得成功，或是在任何环境之下革命一定要取同样的方式。第二我不相信人类的进步除去了长期继续努力以外，有任何的捷径。所以我尽管同情于共产主义的一部分

（或是一大部分），而不赞成共产党式的革命。正如我尽管相信自由恋爱，而不主张立刻破除婚姻制度，尽管相信家族制度应该打倒，而不同情于逃避家族义务的人。

（《大公报》，一九三六年五月六日）

在上海各界欢迎会上的讲话

我没有做过官，虽然也做过几次间接的官，却是做直接的官，这还是第一次。我很怕欢迎会，因为将来结果，如果不能符欢迎人的希望，心里最为难过，尤其是这样多的人欢迎，更使我惶恐。老实替诸位说，当孙联帅（孙传芳）要我担任这个职务之初，很有几个朋友说，上海这个地方是流氓的汇集地，不是大流氓不能长久相安，像他这样书呆子、大傻子，非弄到窘不可的，可是也有人说，惟其是一个呆子傻子，就无所谓窘，就是到了真的办不了的时候，也算不了一回事。我到任已有一月来，这一月来，忙了商埠以外的事，对于商埠计划，还未全般的研究。所以今天如果要我发表商埠的大计划，觉得时候尚嫌太早。我是一个挂名的江苏人，从十多岁便离了家乡，所以就今天到会的人，不认识的还是居多。正惟如此，我敢说我对于淞沪市政，没有丝毫私人利害夹在里面。今天我可先向诸君报告的有两点：一、我来担任这个职务，决不想因此弄一笔钱，买一所房子享清闲福气，就是和我同事的几位处长，也和我一样下了决心来的。诸位尽可放心。二、现在闸北各处慈善，自治，教育，机关，这些经费，都已积欠数月，地方上一再要求我照拨，孙总司令曾在公共集会上明白表示过，这一类经费，只要用途正当，办事人正当，没有不照旧发给的。孙总司令这种政策，我必定要实力执行，只要诸君把事业的内容告诉我，使我明了，没有不照发的。并且实际上如果不够用，还可以设法增加，譬如闸北慈善费，每月有二万多，而教育经费不过六千，这比较南市已有逊色，我总觉得太少，不过如何增加，现在还不能说。其次大家对于督办公署有抱很大的希望的，但我以为现在还在试验时期。在短的试验时期里，如果还能有相当的成绩，请诸君要帮助。如果竟使诸君完全失望了，那尽可设法欢送我。再现在肯在社会上出面的，不见得一定是好人，好人倒有不肯做事的，我以为此种观念，诸君务要打破，大家担起仔肩才好，今天到会的，当然多数是公正的绅士，也许有过不公正的事实的。这使我记起了一件事，前清之季，有个叫做郭秀的，在江苏做知事，大搜大刮，后来陆清宣公来做两江总督，查明了要杀他，这位郭先生就自己跑到陆清宣公那边去，说我并不是贪得，实是上峰迫着，没有法想，如果有上峰如公的，我决不如此了。陆清宣公听了很佩服他，不但不杀他，并且拿很重要的事请他去做，后来郭秀由知事一跃而为御史，郭秀就是一人，足见社会上作恶的人，未必全由自己。所以地方上如果有不能十分公正的绅士，我要拿陆清宣公对付郭秀的方法对付他们，总希望诸君随时能够扶助我。我还可郑重声明，我决不因做了总办，就改变书呆子大傻子的脾气的，谢谢今天的好意。

（《申报》，一九二六年五月二十九日）

二十四年我爱读的书

（一）《科学研究与社会需要》，赫胥黎著。*Scientific Research and Social Needs*，by Julian Huxley，London，Watts & Co. 一九三四。

作者是著《天演论》的赫胥黎的孙子，曾为伦敦大学动物学教授，是科学家而"能文"的人。本书用问答式叙英国各种科学研究机关的工作与衣、食、住、行、卫生和工业的关系。作者的结论是科学研究的结果可以给人类以无穷的幸福，但是政治家不能完全私（使）用它，而是因为预备战争，使科学不能国际化。他主张政治学与社会科学都要国际化，然后人类前途才始有光明的希望。

他所叙述的研究机关大部分是欧战以后成立的。我们很可以从这里看出近十几年来英国人科学研究的进步。据作者的估计，英国所用于科学研究的钱，不过美国人所用的四分之一。但是这已经比中国所用的要多五十几倍！

（二）《赞闲》，罗素著。*In Praise of Idleness* by B . Russell，London George Allen & Unwin 一九三五。

这是罗素最近的"文存"。一共十五篇散文，《赞闲》是第一篇。全书所讨论的问题包括"法希斯蒂"主义，共产主义，社会主义，西洋文化的前途，教育的目的和方法，及经济政策。

罗素的拿手戏是能够把很复杂的问题说得简单明了。本书篇篇都表现他的长处。不但如此，罗素是最会说俏皮话的人，有时不免过火。本书十分庄重，十分温和——虽然有许多地方免不了露出他"冷嘲"的马脚。他是相信社会主义的人，当然反对"法希斯蒂"，但是他相信社会主义在英美法三国可以用和平的手段实现，所以他不赞成苏俄式的共产立（主）义。他相信用"劝导"的方法Persuasion可以使多数人相信社会主义。这或者是本书的态度所以如此庄重温和的原因。

（《宇宙风》第八期，一九三六年一月一日）

第一编　学术自述

重印《天工开物》始末记

民国三年余奉命赴滇，调查迤东地质矿产。读《云南通志·矿政篇》，见所引宋应星著《天工开物》，言冶金法颇详晰，因思读其全书。次年回京，遍索之厂肆，无所得；询之藏书者，皆谢不知；阅四库书目，亦无其名。惟余友章君鸿钊云，曾于日本东京帝国图书馆中一见之，乃辗转托人就抄，年余未得报，已稍稍忘之矣。今年迁居天津，偶于罗叔韫先生座中言及其事，先生曰："是书余求之三十年不能得，后乃偶遇之于日本古钱肆主人青森君斋中，遂以古钱若干枚易之归。君既好此，当以相假。"于是始得慰十年向往之心，然初不知宋应星为何许人。

书计十八卷，九册。凡食物，被服，用器，以及冶金，制械，丹青，珠玉之原料工作，无不具备。说明之外，各附以图。三百年前言工业天产之书，如此其详且明者，世界之中，无与比伦，盖当时绝作也。书为日本管生堂所翻刻。前有明和辛卯年（乾隆三六，西一七七一）。日本大江都庭钟序；次为著者自序，序末书"崇祯丁丑孟夏月奉新宋应星书于家食之问堂"。汉文旁加有和文字母。卷首载"天工开物,分宜教谕宋应星著"。欲觅奉新分宜两县志证之,急切不能得。思教谕大抵出身举人,因取《江西通志》选举门阅之,果见其名于万历四十三年乙卯科表中。下注"奉新人,知州"。同科又有宋应升。下注"奉新人,知府"。奉新旧属南昌。复于《通志·列传》南昌人中得宋应升名。其文曰:

宋应升,字元孔,奉新人。尚书景曾孙。万历乙卯乡试,与弟应星共魁其经;时有二宋之目。五上公车不第。谒选得湘乡知县,复补恩平,历广州同知,升广州知府。所至有慈惠声。家居孝友恭谨,亲族困乏,必勉振之。自广州请告归,未几卒。所著有《方玉堂集》。

乃略知先生家世。后数日于京师图书馆得顺治《奉新志》。选举门载:万历四十三年乙卯举人,"宋应星,字长庚,北乡人,第三名。福建汀州府推官,升南直亳州知州。著有《天工开物》,《画音归正》,《杂色文》,《原耗》诸集行世。"又载"宋应升,字元孔,北乡人,广州知府。有传"。传文曰:

宋应升,字元孔,北乡人。少为诸生,试辄冠军。领万历乙卯乡荐。崇祯末以恩平令两迁至广州守。广州故膻地。应升独以廉著,邑墨吏望风解绶。及闻甲申之变,杜门守丧,拊心啮齿。时按粤刘公遴募兵勤王,尽括妻孥妆饰以助。嗣是病眩。次年告归。归日忏佛以诗曰:"朝汉台前海水流,千年洗净赵陀羞。如何今日光天德,偏入黄巾半壁秋?岭表衰臣惭禄仕,佛前血疏告君仇。誓同戮力询方去，追恨当时水火谋。"抵家，不入城市。有欲要之出者，笑而不答。约同志披缁百丈，会大雪不果。书二绝曰："撒手悬崖谁未休？归山正欲唤同游。如今开落知何似，一夜六花散九州。""千里江山带雪看，无君此日亦无官。一生忠孝归何处？惟有冰魂念岁寒。"自是朝夕向祖宗前呢呢默诉，询之亦不对。一日忽泫然曰，"吾其死乎？"家人惊遽。次日无疾坐中堂而逝。

左右扶就箦，鼻口喷紫血数把；盖仰药云。刻有《方玉堂集》。

《志》成于顺治十八年，先生无传，疑其时尚存。《宋应升传》辞意亲切，当即先生手笔。先生之曾祖宋景，字以贤，嘉靖丙午为都察院左都御史，卒赠太子少保，吏部尚书，谥庄靖。《志》亦有传。景子介庆，字幼征，嘉靖十九年举人，南直黟州知州。或即先生祖也。又据《志》所列，宋庆，宋应和，子士中，均举人。庆子国华，仕至贵州左布政使。因知北乡宋氏为奉新望族。

京师图书馆又有乾隆十五年修《奉新县志》。选举不及旧志之详。文苑列传，亦有宋应升名。传文与通志同，盖皆录《南昌府志》。惟应升传之下，附应星传。其文曰：

应星，字长庚，官至亳州知州。崇祯间邑贼李肃十等为乱，应星破产募死士，与司理胡时亨等讨平之。著有《天工开物》，《画音归正》，《卮言十种》等书。

凡上所引，无言及分宜教谕者。乃复征之《分宜县志》。学识门载："宋应星，奉新人，举人。崇祯七年任。升汀州府推官，有贤声，汀人肖像祀之。"下列"陈良壁，崇祯十一年任"。

于是知先生于十一年去分宜。复检亳州、汀州各志。中仅载姓名，无他事实可考。惟《亳州志》载其为明代最后之知州。意先生于十一年赴汀，任满后始赴亳与？

原序中所称之涂伯聚，疑即《通志》有传之涂乔迁。南昌人，万历进士，官至南京太仆卿。以拒建魏珰生祠去官，卒于崇祯末年。

因综述以上事实而为之传曰：

先生讳应星，字长庚，江西奉新县北乡人，宋氏为奉新望族，科第甚盛。先生曾祖景，嘉靖丙午官都察院左都御史，卒赠尚书，谥庄靖。景子介庆，嘉靖十九年举人。仕至黟州知州。万历四十三年乙卯，先生与兄应升同魁其经：先生名列第三：一时有二宋之目。然卒不第。崇祯初，著《画音归正》，其友涂伯聚为之梓行。未几，邑贼李肃十等为乱，先生破产募死士，与司理胡时亨等讨平之，七年任分宜教谕。著《天工开物》。十年刊行。十一年升任汀州府推官，有贤声。十四年再迁亳州知州。甲申解官归，遂不复出。所著尚有《杂色文》，《原耗》，《厄言十种》等书。兄应升，官至广州知府。国变后告归，未几卒。著有《方玉堂集》行世。先生生于万历中叶，卒于顺治康熙之交。兄弟早领乡荐。不第改官，所至有惠政。遭逢国变，弃官不出。居乡孝友恭谨，以文学著述自娱，邑志府乘均有传云。

论曰，明政不纲，学风荒陋。贤士大夫在朝者以激烈迂远为忠鲠；在野者以性理道学为高尚；空疏顽固，君子病焉。殆乎晚季，物极而反，先觉之士，舍末求本；乘虚务实。风气之变，实开清初诸大儒之先声。先生生于豫章。鄱阳之煤，景德之磁，悉在户庭；滇南，黔，湘，冶金采矿之业，又皆操于先生乡人之手。《天工开物》之作，非偶然也。善乎先生之言曰："世有聪明博物者，稠人推焉。乃枣梨之花未赏，而臆度楚萍；釜鬵之范鲜经，而侈谈莒鼎。画工好图鬼魅而恶犬马，即郑侨晋华岂足为烈哉？"故先生之学，其精神与近世科学方法相暗合。乃身遭国变，著作沦散；非邻国流传，天幸遇合，则毕生之业，没世而无闻矣。悲夫！

传既成，就正于叔辊先生，复承先生之命，以付印事商诸张菊生先生。因原刻附有和文，不宜摄影，乃另抄副本排印，加以句读，而书其始末于首，后生末学与有荣焉。

（《读书杂志》第五期，一九二三年一月七日）

是篇之作，动机在三年以前。去岁移居天津，得借用梁任公先生藏书，始着手统计。今夏科学社开会于南通，曾讲演一次，然其时仅有总表，文字未脱稿也。十一月复以英文讲演于北京协和医学校，乃发愤竭两日之力成之。讨论切磋，得益于任公及胡君适之者甚多。抄写核算，则雷君英广贯任其劳。余弟文浩间亦襄助，爰书数语道谢，且以志服官经商者读书作文之不易也。

重印《天工开物》卷跋

民国三年，余奉使赴滇。读《云南通志·矿政篇》，其所引宋应星著《天工开物》卷言冶铜法颇详晰。因思读其全书。次年回京，遍索之厂肆无所得；询之藏书者，均谢不知。惟余友章君鸿钊云："曾于日本东京帝国图书馆中一见之。"乃辗转托人就抄。年余未得报，已稍稍忘之矣。十一年，迁居天津，偶于罗叔韫先生座中言及其事。先生曰："是书也，余求之三十年不能得，后乃偶遇之日本古钱肆主人青森君斋中，遂以古钱若干枚易之归。君既好此，当以相假。"于是始得慰十年向往之心焉。书为日本菅生堂以木氏兼菔堂所藏，江田益英校订者，镂木有明和辛卯年大江都庭钟序。是年为乾隆三十六年，盖据崇祯十年本翻刻。而中国今无其书，殆未尝再版也。乃另抄副本，加以句读；并承叔韫先生之命，商之于商务印书馆张菊生先生，谋以铅字排印。已有成约，且以原图摄影制板矣。顾原书之一部，蚀于蠹鱼，颇有残缺，且多误字。欲求他本校之，苦不可得。原书文字又颇简奥，中多术语，虽加句读，间不可解；欲为之逐一注释，并釐正其误，而为人事所累，或作或辍，竟未成书。十五年，友人章君鸿钊始从日本得其书，亦菅生堂所刻，因以校订罗藏之残缺。未几，罗先生函索原书去，云：武进陶君涉园将付印于天津。今春过津，谒朱公桂辛，则新书已列案上。并知据《图书集成》所引校订原书。不特误字改正，而菅生堂本附图粗劣简略，已失宋氏之真，今据《图书集成》所，载临摹重印，俾复旧观。（按《图书集成》引是书约十之七。作《成卷图》，则按两淮河东四川《盐法志》校正，他如《杀青》，《珠玉》，《佳兵》卷中枪炮等图，即就原书所载校正之，俾合画理为止。）盖余之所欲为者，陶君已为之过半矣。朱、陶二君嘱余为序，固辞不获，乃从而为之跋曰：是书也，以《天工开物》卷名，盖物生自天，工开于人，曰天工者，兼人与天言之耳。为卷十有八，凡饮食、衣服、陶冶、矿产、燃料、彩色、兵器、纸墨之原料、出产、造作、工业无不具备。三百年前言农工业书如此其详且备者，举世界无之，盖亦绝作也。读此书者，不特可以知当日生活之状况，工业之程度，且以今较昔，吾国经济之变迁，制作之兴废，亦于是中观焉。全书各卷莫详于《乃粒》，稻则列举粳、糯、旱、香，麦则备述牟、禾、雀、乔，黍、稷、粱、粟之中不遗高粱，火麻胡麻之外遍列各菽，而《膏液》一卷油品植物列举至十有六种。然《乃粒》不载蜀玉黍，《膏液》不载落花生，至于番薯淡巴菰则更无论已。于是知美洲南洋之植物虽已流入中国，在明末时代尚未成为重要之农产也。铜有日本炮日红夷，糖有洋糖，缎有倭缎。然《佳兵》一卷详弓矢而略枪炮，图亦粗疏，于以知有明末造外国贸易已繁，而日本尤盛，于西洋商品较重于武器也。言金则举川、广、楚、赣、河南而不及辽东塞外，言铜则列举川、黔、鄂、赣，言锡则首推南丹、河池，次及衡、永而皆不言云南，于是知不特东北金场全未开辟，即东川个旧亦皆有清以来始发见也。言银则先举八省，次言八省所产不敌云南之半，于是知迤西诸厂在明时开采已盛，吴尚贤宫里雁之边乱乃其余烬也。其他如耕种灌溉之方，蚕桑纺绩之利，制盐造舟之法，至今未变。松江之织，芜湖之染，近代几无异于明时。而川江行舟所用之火杖（即竹篾编成之纤微，长可百数十尺，用以纤舟。其折断残余斩以作炬，故名火杖）。殆即东坡、放翁所谓之百丈与？自宋以来未尝改良，于是知科学未兴以前，生活方法进步之不易也。至于北京之琉璃瓦取材于太平，皇居之用砖设厂于临清，分给于苏州，宣红之制法复试于正德，皆足以证明代政令之苛。故是书也，三百年前之农工业史也。然此仅以经济史料言之耳。若以思想史言，则是书固另有价值在。有明一代以制艺取士，故读书者仅知有高头讲章，其优者或涉猎于机械式之诗赋，或摽窃所谓性理玄学以欺世盗名，遂使知识教育与自然观察划分为二，士大夫之心理内容干燥荒芜，等于不毛之沙漠。宋氏独自辟门径，一反明儒陋习，就人民日用饮食器具而穷究本源，其识力之伟，结构之大，观察之富，有明一代一人而已。此其一也。吾国言工业制造之书，固不自宋氏始；然治其业者，类多视为风雅之余事，博识之标榜，又迷信旧说，不能独力观察，往往类引他书，不加判断，其结果则仅尽剪刀浆糊之能事，而无条理叙述之可言。如《陶说》一书即可为此类著作之代表。是书每卷各就其所见闻之事实，为有系统之纪录，首言天产之种类，次言人工之制造，终及物品之功用，通篇未尝引用一书。此种创作之精神，乃吾国学者之所最缺，亦即是书之所独有。此其二也。经济研究首重数计；然统计之观念，乃近世科学训练之结果，故三百年前，欧洲著述者多不能明其重要。宋氏则不然，故《乃粒》篇则曰："凡秧田一亩所生秧供移栽二十五亩。"又曰："蒸（熏）民粒食，小麦居半，而黍稷稻粱仅居半，西极川云，东至闽、浙、吴、楚腹焉，方六千里中，种小麦者二十分而一，种余麦者五十分而一。"《粹精》篇则曰："木砻攻米二千余石，其身乃尽；土砻攻米二百石，其身乃朽。"又曰："凡力牛一日攻麦二石，驴半之，人则强者攻三斗，弱者半之。"《膏液》篇则列举取油原料，每石得油若干斤，以为比较。凡此之类不胜枚举。至于《五金》篇言金质至重，每铜方寸重一两者，银照依其则寸增重三钱；银方寸重一两者，金照依其则寸增重二钱。则物理学之比重观念存焉。此其三也。凡采矿冶金以及贵重品之制造，自古多不正确之传说与迷信。宋氏根据见闻辨正甚多，如《五金》篇辨鹅鸭粪中淘金之讹，斥方士炼银与采锡之妄；《珠玉》篇言珍珠必产蚌腹，其云蛇腹龙颔鲛皮有珠者妄也。又云凡玉人中国贵重用者尽出于阗葱岭，所谓蓝田乃葱岭出玉别地名。《乃粒》篇言野火之非鬼，《陶埏》篇言窑变之无异物，皆根据事实，破除迷信。此其四也。全书多列事实，绝少议论，间有之则精粹绝伦。如《舟车》篇曰："人群分而物异产，来往贸迁以成宇宙，若各居而老死，何藉有群类哉？"《陶埏》篇曰："商周之祭，俎豆以木为之，后世方士效灵人工，表异陶成雅器，有素肌玉骨之象焉，掩映几筵，文明可掬，岂终固哉？"《五金》篇曰："黄金美者其值去黑铁一万六千倍，然使釜鬵斤斧不呈效于日用之间，即得黄金直高而无民耳。"《冶铸》篇曰："皇家盛时则冶银为豆，杂伯衰时则铸铁为钱。"又曰："凡钱通利者以十文抵银一分值，其大钱当五当十，其弊便于私铸反以害民，故中外行而辄不行也。"皆与近世经济学原则符合。此其五也。惟谓矿产采后可以再生螺母，为龙神所护，璞中玉软如棉絮，岭南石金初得之柔软，四川火井不燃而能煮盐，江南有无骨之雀，犹误沿传说。又谓琥珀引草为本草之妄说，棉与纸自古有之，至不信有贝叶书经，则颇出于武断。然此皆观察之不周，时代之限制，不足为是书病。且原序有言："伤哉贫也，欲购奇书考证，则乏洛下之资；欲招同人商略赝真，而缺陈思之馆。随其孤陋见闻，藏诸方寸而写之，岂有当哉？"然则著者之虚衷与著述之困苦，可以想见矣。余于是盖有感焉：是书成于崇祯十年，距明之亡才六年耳。而著者初未尝以世乱而废学。且曰："幸生圣明极盛之世，滇南车书纵贯辽阳，岭徼宦商衡游蓟北，为方万里中，何事何物不可见见闻闻？若为士而生东晋之初，南宋之季，其视燕秦晋豫方物已成夷产。"方今天下之乱，未必过于明季，交通之利研究之便，则十倍之，而学工者未尝知固有之手艺，习农者不能举南北之谷种，习经济者不能言生活之指数。旧日之生产未明，革新之方案已出，故无往而不败。观于宋氏之书，其亦有以自觉也夫。

民国十七年太岁在戊辰首夏丁文江跋

（《中央研究院院刊·丁故总干事文江逝廿周年纪念刊》，一九五六年十二月）

再版《中国分省新图》序

中国分省新图是二十二年八月十六日出版的。不到半年就有再版的必要，是很出于我们意料之外的。足见得这种地图不少可以供给社会上一种需要。同时各报上的批评和私人通信，指出了原图上许多错误。这些错误凡时间来得及的都已在再版的图上更正，已付印以后所发见的只好列在勘误表上。我们对于批评和通信的诸君十分的感谢。

以上所说的错误，最容易指出的是县名的变更或是县治的增设和迁移。这种变更从民国二十年到民国二十二年不下五十处。全国共有一千九百余县，三年之中有百分之二点五的变动，而其中的百分之一都是在二十二年的下半年，这很足以表示行政制度的不安定。感觉不方便的，恐怕不仅是编制地图的人！

除去这类错误之外，还有许多点批评的人表示不满意，而一部分系出于误会，一部分因为各人观察不同的缘故。我现在大略的申述几句。

凡是印刷的图书，决没有法子把付印以后的材料，完全加入的。《中国分省新图》第一版是民国二十二年八月十六日出版的，事实上付印在一年以前，许多幅图的绘成还在以前。所以付印以后发现的事实，没有法子可以加入。譬如这次再版着手在十一月，那时杭江铁路还没有通到玉山，因为我们预计它不久可以完全通车，所以图上改正到玉山。同时粤汉铁路已经通到昌乐，而事前我们没有料到，图上的终点原来还画在曲江，以后电告印刷人，始行改正。

批评和通信的诸君，多数觉得汽车道遗漏太多了。这并不是无意的。我们并不是以为汽车道不重要，但是有时很难决定哪一条真是汽车道，哪一条不是。北方的平原，许多没有经修筑的路，在天气好的时候也可以勉强走汽车。然而不但并没有定期的汽车常常在那里走，而且一下了雨，连大车都不容易通过！西南有几省的汽车道，是费了很大的工程开出来的山路，但是一直到如今，许多路还没有经一辆汽车走过！这一次再版，我们尊重读者的意见，添了许多汽车道。但是读者要注意图上所绘的汽车道，不是有同等的价值的。

中国通行的地图，图之外附有说明有表解。我们没有。有一位在《大公报》上批评的说"普通地图末后附有各种表解……此图一概废除，但于卷首增分类图数幅，所得恐未必能偿所失"。这个问题我们曾详细的考虑过。地图有说明是中国旧有地图的特色，是世界通行的地图所没有的。如果图的缩尺和投影是准确的，印刷是清楚的，符号是明显的，根本用不着说，用不着解。

旧图之所以有说是因为非说不明的原故。例如某处到某处多少里，旧图缩尺和投影不准，或是根本没有缩尺和投影，只好列之于说。新式的地图，读者尽可随时照缩尺自己去量，用不着再用《方舆纪要》式的文章，或是统计表来帮助它。我们并不是说图以外不需再有说明地理的文章，但是这是做地理教科书，或是地理论文的人的事，不必附在地图里面的。

最后我还有几句话告诉我们同行的人。我们三个人都不是地理专家，都不是中学教员，我们不过是懂得地图，测过，绘过，读过地图的人。我们认为通行的地图至今还根据康熙年的测量做底图，是一件很可笑的事。因为近三十年来外国图不计外，就是中国陆军测量局所测的详图，已经有相当的材料，可以利用。所以才有编制中华民国新地图的发起。我们的贡献在地形与基点（经纬度）的比较可信，此外都是余事。大的中华民国新地图如此，缩印的分省图也是如此。我们不但没有"打倒一切"的意思，并且没有轻视旁人的态度。我们只希望以后同行的诸君，少讲些龙脉，少画些笔架，使得中国青年渐渐地了解地形是怎样一回事，我们已很满意的了。别的图也许有别的用处，例如中国通行的图后表解也许可以帮助学生们考试时抄录之用，但我们只希望做成一本略进一步的中国地图罢了。

民国二十三年一月

（《中国分省新图》，一九三四年申报馆印）

附录

《中华民国新地图》序

《申报》既确立方针，将扩大为群服务，会六十周年且至，集同志谋所以纪念，或请设边疆旅行团，丁先生文江曰："诚欲从事边疆调查乎？一、图，二、籍，斯为主要，籍无论已，顾安所得精且塙之地图者？权轻重，较缓急，盍先事制图乎？吾国自清康乾后，局部测绘，有之，汇合以成全国精图，殆犹未也。其先事制图便。"则皆曰："善！"议以决，时民国十九年秋也。

量才之赞许丁先生建议，微意尤别有在。量才少而受学，长而执教且十年，确认史地二科，凡人生基本观念之所以确立，与夫爱群爱国心之所由培成，胥于二者是赖。而地理尤负特殊使命，盖文与理二大科别，得此不啻置邮而通之也。放言之，凡夫天然之盈虚消长，地形之迁变，山川之形胜，人物之分布，庶黎之蕃昌，政区之画析，水陆空之交通建设，凡所以供献于文教，武备，与夫修学，施政，治事，复谁如其亲切且远大者？又岂仅教科为然？量才所认识地图之重且要如此。顾怀此有年，而无以自效。丁先生者，地质学专家也，偕其同志创设地质调查所，分其余力，搜集地图，无中外古今，巨幅片楮，凡力所能致，无不收采。苟丁先生而肯任此者，量才积年之志愿偿矣。则立语丁先生："刷印发售，所不敢辞，编制非先生又奚属？其许我哉！"丁先生曰："诺！"

丁先生乃约其同志翁先生文灏，曾先生世英，自民国十九年冬始编，其间且编且制版，至二十二年冬，全图始获杀青，工可谓巨矣。图之特色，如篇段以经纬度画分，高度以色层表现，以及其他正人之讹，补人之略，深冀获得精确之结果，具详作者序中，不复述。述兹事动机与量才夙愿如此。

　　末，犹欲有言者，兹图始创，大好金瓯，无恙也。今则东北烟尘，由辽吉黑而热河，长城内外，敌骑横行，失地之还，不知何日？人民之荡析流离，不知何所？斯图也，幸获告成，乃转使我泫然不忍披览，其有览此美丽河山，因而益激发其爱国心，奋袂以图桑榆之复，斯则我中华国族之光，而非吾人所敢分功于尺寸也已。

中华民国二十二年十二月　史量才

丁文江

自述

第二编

人物与交游

我所知道的朱庆澜将军

　　许多不满意于青年的人往往归咎于前辈的人格堕落，不能做青年的模范。平心而论，这种话不是完全公道的。前辈中可以做青年模范的固然不多，却不是绝对没有。只可惜青年很少有知道他们的机会：因为一来这种人对于青年不能常常接近；二来目前的风气以骂人为时髦，除了哀启以外，很少看见有恭维人的文字。青年所看见的大抵是描写社会堕落的小说，或是攻发人隐私的新闻。无怪他们以为普天之下没有好人了。我现在要来介绍一位我最尊敬的前辈给青年，使他们有所景仰，或者可以帮助他们养成他们自己的人格。

　　谁都知道朱庆澜将军是一位慈善家。留心东北近事的人也许知道他是义勇军的首领。但是很少人知道他的详细历史。我认识朱将军不过十年，一共和他见面不过十次，不配给他做传记。我现在只能把我个人的观察写点出来，表现他的人格。

　　我第一次认识朱将军是在民国十一年的夏天。那时候

中国科学社在南通开年会。我因为有事要到上海，会没有开
完，就先走了。临走的时候，张孝若说，"朱子桥将军也是
今晚上船。你路上可以不寂寞。"我知道他是民国以来的第
一位廉能的疆吏：做过广东巡按使，黑龙江将军，政绩都极
好；而且宣统末年他在四川做新军的统领，部下有许多人是
我的朋友，他们每次讲起他来，都是极口的推崇。但是我并
没有见过。听见可以给他同船，我很高兴，立刻请张孝若写
了信介绍，并且打听他在江口所住的旅馆。孝若对我说江口
只有一家旅馆可住，到那里决不会错过。

但是我到了江口，向旅馆打听朱庆澜将军，却没有人
知道。江口等轮船是一件很苦的事。下水船到南通都是在夜
间，又没有一定的钟点，事前也没有电报。南通不是一个
"通商口岸"，轮船没有码头可靠。只凭"洋棚"的人在一
个高台上瞭望。看见了轮船的灯，立刻用小划子把客人装到
江心去迎着轮船。所以等船的客人都不敢睡觉，等到旅馆的
人一声叫喊，立刻就要起身。南通的蚊子极多。夏天晚间张
着口说话，往往蚊子会飞进你口里去。我虽然可算是南通
人，但是离家乡多年，抵抗蚊子的力量早已丧失，只好躲到
帐子里面去。帐子是洋布的，闷的透不得气。床上铺的席
子，染过无数旅客的汗，臭不可当。不得已只好跑出来喂蚊
子。等到实在咬得太厉害了，又钻到帐子里去躲一阵子。如
是进出了好多次，好容易听见说望见灯了，连忙出来上划
子。一出旅馆门，就看见一位客人，身长六尺以外，挺着胸
脯，在我前面走着。我心里一动，想道，"这一位不要是朱
庆澜将军？"再一看，他走的很快。旅馆的伙计帮他拿着两

个极大的皮包，跟他不上，他就接一个皮包自己拿着。我想做过巡按使将军的人，在内地旅行，岂有不带一个当差的道理。这当然不会是他。上了划子，听见他说的是一口山东话——朱将军原籍绍兴，在山东生长——我又疑心起来。就低声向旅馆的送客的伙计打听。他回我道，"这一位是盐店里管事的。"划子上的水手把灯一提，我看见这一位大汉，乌黑的头发，脸上没有一点皱纹，大约岁数不过三十岁左右。我想不必再胡猜了。在宣统三年朱将军已经当统领。那时候至少也有三十岁。民国十一年他至少在四十以外。这一位一定不会是他了。

上了划子一会子，方知道我们的船并没有来，来的是一只货船。没有法子，大家又回到旅馆。我既怕蚊子，又怕帐子里汗臭，只好在旅馆里穿堂过道，走来走去。看见一间房开着门，我同行的一位熟人坐在那里和那位大汉谈天。我就也走了进去，向那一位大汉请教姓名。他说，"姓朱。""台甫呢？""子桥。"我才恍然大悟，他果然是我要见的朱庆澜将军。但是灯光底下细看他的面目，实在像是比我年轻。问起他的岁数，他说是四十九，比我大十三岁！

天大亮了船方才来到。上了划子，我问朱将军道，"子桥先生预先定了舱位罢？"因为我以为他一定是坐大餐间的。他说，"舱位用不着定。好在如果房舱没有地方，总可以在统舱里挤一挤的。"我方才知道他是不怕坐统舱的。划子摇到轮船边，客人和行李，救火的一样抢着上去，倒没有什么。上了船以后，却困难了。我们的船是

第二编 人物与交游

太古公司的大通，是长江船里最老最不堪的一只。那天又特别的拥挤，统舱的客人把甲板上，楼梯口，锅炉旁的地方都占满了。朱将军两只手提着他的两个极大的皮包，挤在人堆里面，很难走动。我只带得一个小包，手差不多空着，我就把朱将军的皮包接过一个来帮他拿着。这一个包有五十斤重，我仅仅手提得起来。好容易挤到房舱，却早已没有地方。我怕他老人家要坐统舱，不等他同意，就向官舱里跑。居然在房间外面所谓客厅上每人占了一席之地。我因为一夜没有睡，困顿不堪，躺了下去就睡着了。等到我醒转来，看见朱将军立着和人谈天。原来他遇见了一位四川军官，是他的旧部。他非常的高兴，向着他问长问短，不但没有睡，而且没有坐。开出饭来，他一口气就吃了四碗。吃完了依旧的剧谈。一直等到天将晚了，船到上海，他始终没有一点倦容。船一到岸也没有看见有人来接，他一个人提着他的皮包下船去了。

这一年的冬天，我到奉天。他已经做了中东路特别区的长官，恰巧也在奉天。见了面他很高兴约我去逛北陵。十二月天气，温度在零度以下十几度，而且刮着大西北风。我穿了皮大衣还觉得很冷，他着的是夹呢的军服，上面只披着一件夹外套，但是他下了汽车，各处飞跑，没有一点瑟缩的样子。回来已经天黑。我到一个熟人家里吃晚饭。主人听说我跟朱将军去逛北陵，大笑道，"你遇见这位先生，真正是晦气了。请问这种天气，除了他还有谁会想到逛北陵？他在此地没有哪一个不讨厌他。他是老前辈，凡有宴会，人家不好意思不请他。他又每请必到。到了以后，穿起军服，正襟危坐。凡有要吸鸦片，叫条子，推牌九的人都觉得不方便。他酒既不会喝，菜又不知味，坐在桌上，只晓得等饭吃。吃起饭来至少三碗，叫一桌子客坐在那里等他。人家请他吃酒席，真是冤枉。请他吃饭最好什么菜都不预备，只请他吃水饺子。给他几十个水饺子，他就很高兴了。你是做买卖的人，何必和这种人来往？"我于是知道朱将军在中东路特别区决不能久于其位的了。果然到了民国十五年我在上海的时候，他已经辞了职到南方去。我请他在我家里吃中饭，只请他的旧部温应星陪他。家里人以为三个人吃饭。有一百只水饺子，一定够了。哪知道他老人家什么菜都没有十分吃，却一口气吃完了六十只饺子！

我第四次看见他是在塘沽火车站。民国十九年我从贵州回来，从上海坐船到塘沽，在那里等火车。忽然听见有人叫我的名字。回过头来却是朱将军。寒暄以后，他拉我到他车上坐坐。我去一看他坐的是一个铁篷货车，挂在一列粮食车的最后面。他的铺盖摊在地下，旁边放着一个小炉子烧饭吃。我问其所以。他笑着道，"我这几年无聊，做点慈善事业。现在蒋同冯打起仗来了，陕西的人民都要活活饿死，我弄了几个钱，买了几车粮食，想运到西面去。第一是要车辆运输已经很难。有了车辆，还要弄火车头。好容易火车开动了，走不到几站，火车头又被人抢去了。临时再得想法子。我现在就是在这里等车头。"我说，"子老何必自己押运？派两个得力的职员还不行吗？"他说："你哪里知道！现在他们打仗，车辆和车头都很缺乏，粮秣也不充足。要不是我自己在车上，不但车辆车头半路上要被人抢去，连粮食也都要没有下落！好在我没有什么事，从此地走起，运气好五六天也就可以到郑州。到了那里和冯焕章接洽好，再向西就没有困难了。"

我听他这番话，无言可答。等了一会，通车到了。我本来想坐头等车的，想起他的铁篷车，心里很惭愧，就买了一张二等车票回到北京。

我已经说过他是民国以来第一位廉能的疆吏。他在黑龙江和广东的政绩，我并不知其详。我只晓得凡有广东黑龙江两省的人提起朱将军，没有不肃然起敬的。赈灾的捐款，华侨是大宗的来源。他们捐款的条件往往是要朱将军个人的收条。民国十七年我在澳门去参观赌场。遇见一个侍者告诉我，"现在澳门的生意远不如从前了，因为省城的河南地方已经开了赌。省城的人就很少到澳门来了。"他又说，"先生你是外江人，不知道赌是广东最好的买卖。做官的没有不靠这个发财的。只有朱将军不肯要这笔钱。其余的哪一个不弄几十万！"民国十九年秋天我到哈尔滨。火车上遇见一个会说中国话的白俄。他说，"我是生长在哈尔滨的，俄国没有去过。我对于苏俄的共产党，并没有恶感。但是我已经入了中国籍了。因为朱将军在这里的时候，我看他待人太好了——他待我们和待其他的中国人完全是一样。我想我的财产都在哈尔滨，不如做了中国人罢。哪知道他没有许多时就辞职走了，后任的人就大大的不同。"他听见我说我认识朱将军，立刻肃然起敬。介绍他同行的朋友，请我喝酒。"你是朱将军的朋友，我们应该款待的。"

从民国十九年到如今，只有前年夏天，他来看我一次。以后就不通音问。最近这几天我方才又看见他。他对我说道，"丁先生你是讲科学的，凡事都要讲计划，讲预备。我们只晓得胡干。想到什么就干什么，干到哪里是哪里。等你计划预备好了再干，人民都饿死了，国家也亡掉了！"

我与他见面的次数虽然不多，每次见面都谈得很久。我从来不听见他骂人，说刻薄话。他自己穿布，但是他并不怪人家穿绸；他现在自己吃素，但是他并不厌恶人家吃荤。他的刻苦是他的天性。他并不因为如此而不近人情。他口里虽不臧否人物，但是他并不是不识人。我第一次看见他，讲起我们所认识的一个青年军人。那时我很恭维他，以为前途很有希望。朱将军把两只手向上一托道，"太浮。脚根没有立定。"果然没有几年这位军人就堕落了，我才佩服他的先见。

他三十八岁做统领，四十二岁做将军，四十四岁做巡按使。今年他整整六十岁，头发也白了，脸上皱纹也多了。但是他这几根白发，几条皱纹，救活了百十万灾民，组织了十五万义勇军，为中华民国争了几分人格！

我所知道的朱将军不过如此。青年的读者，请你们想想，这一位前辈，配不配做我们的模范！

二十二，二，二十

（《独立评论》第三十九号，一九三三年二月二十六日）

第二编 人物与交游

我所知道的翁咏霓
——一个朋友病榻前的感想

　　我在南方四十天，没有看《独立评论》。回来才见着九十五期"编辑后记"，有人因为适之讲翁咏霓先生的病，讥讽我们"台里喝彩"，"互相标榜"，说是"未免有点肉麻"。这是难怪的：写信的这一位一定是不很知道翁先生的。现在一般人都以为"社会万恶"，"世上没有好人"。听得有人说人家好话，当然疑心是"标榜"，觉得有点"肉麻"了。我现在把我在杭州翁先生病榻前的感想写了出来。这一位看见了或者可以了解为什么翁先生的许多朋友十分的敬爱他。

　　三月二十六日我在杭州，翁先生的病忽然加重起来。到了晚上医生说随时可以发生危险，叫家族不要离开，并且给他预备后事。他的当差的老吴对着我们哭道："我们老爷真是可怜！我跟了他二十年，没有看见他想着吃点好的东西，穿点好的衣服，住点好的房子。每天八点钟起来，十二点钟睡觉，整天的忙着做事，从来不肯休息。现在病在床上也还是想着做事。我们老爷是做工做死的！"

那一天晚上我睡在医院里，翻来覆去，不能合眼。想着老吴的话真是不错。他做了二十年的官，连一件皮大衣都没有。最冷的天他穿一件衬骆驼绒的厚呢大衣——这还是那一年冬天他到哈尔滨去特地做的。民国二十年冬天，他因为中华文化教育基金会请他做了研究教授，收入多点，才做了一件黑羊皮的大衣，用猫儿皮做领子。过了几天，我又看见他穿上旧的夹大衣了。问起来方才知道新的皮大衣已经孝敬了老太爷了。

衣是如此，食呢？民国十七年我从广西回来，他劝我利用地质调查所做点工作。我家住在东城，离调查所有十几里，不能回家吃午饭。他家里送饭到所里来，他留我一块吃。我一看两小碟子素菜夹着几薄片的肉，抵不上我平时吃的菜的四分之一。他一口气吃了三碗饭。"在君！你看我的食量如何？"我向他苦笑道："吃白饭不吃菜，所以你会得软脚病！"民国十二年他到甘肃旅行因为饮食太坏了，得着软脚病回来，所以我如此说。我于是讲演了一大套饮食品滋养料的成分，强着他叫一瓶牛奶。没有几时我听说他又把牛奶省下来给他的小孩子吃了。

他的房子是他惟一的财产，是民国七八年间把宁波的老宅子卖了还债，剩下来的钱买的。房子前后两进，后进划出来出租，前进自己住。但是前进只有五间上房是整齐的，被老太爷老太太带两个孙子孙女占去了。其余的人只好住窄小的六间厢房。他和他夫人住的是三间西厢房，三间里面有一间放着两个破书架子，一张小书桌，算是他的书房。他日里要写信，见客，指导人家工作，编辑印刷的稿子。所有这十几年来他的文章都是晚间八点到十二点在那一张小书桌上写的。

他个人旅行都是坐二等火车。前年他到南京去预备就教育部长职的时候，我到车站上送他，知道他的习惯，到车上一找就找着了。许多小学教员和新闻记者也要找他，但是他们都先到头等里去，所以一直到火车将开的时候方才找到二等来。地质调查所是个穷机关，当然没有汽车。他代理清华校长的时候，清华有汽车。可是他除去到清华来回以外，从不用学校的汽车。去年各方面补助地质调查所的经费比较从前多了。我们因为他身体不好，冬天容易伤风，极力的劝他买一辆汽车。他说："一辆汽车的费用至少可以做两个练习生的薪水了。为我自己舒服而少用练习生是不应该的。"所以始终他只坐一辆旧洋车。

他的生活程度如此，不是因为他有丝毫的矫情——他向来是不赞成冯玉祥方式的人——是因为他收入少家累重的原故。他有八个子女，除去长女出嫁以外，其余的都在学校里。他的父亲还健在，母亲是两年前才过去的。他家原来是宁波的富户，等到他留学回来已经中落，到了民国十年以后就完全破产了。民国十年以前地质调查所的同人相约不兼差。以后欠薪逐渐多了才有人兼教课，但是始终没有人同时在两个机关里拿全薪的。他原先在师范大学兼少数的钟点，以后到清华做地理系的教授兼代主任。他在清华的时候，地质调查所最穷，他完全不支薪。清华也不支全薪，因为他要维持不能在两个机关拿全薪的原则。到了民国二十年，他的生活很难维持，又因为工作太多，常常生病，于是文化教育基金会特别请他做研究教授，一个月给他六百元，使他可以辞去清华的功课，专心在地质调查所任事。去年夏天他忽然自动的把六百元的研究教授辞掉了，改在地质调查所支薪四百元！我从外国回来才始知道，当时很埋怨他不必如此。他说："我当地质调查所所长，薪水是应该在所里支的。以前所里太穷，没法子只好仰给于文化教育基金会。今年地质调查所经费增加了，我个人不应该再要文化教育基金会的钱。月薪四百元是我自己定的。因为我觉得新到所的同人——尤其是新回来留学生——常常嫌钱少。我自己薪水小了，他们或者容易满意点。"谁都知道他辞清华校长和教育总长。谁都不知道的是民国七八年他的一位至亲做财政总长，请他去当一个最阔的税务差使："这个差使奉公守法的人一年有六万元的好处，你去一年先把生活问题解决了再回来做科学工作不迟。"他毫不迟疑的答他道："谢谢你的好意，我的生活很简单，用不着这许多钱的。"

关于他衣食住的状况，老吴的话是不错的，不过他不知道这是他自己情愿的。老吴只知道他一天到晚做事，他还不知道他的做事与旁人不同的。

地质调查所的行政费与事业费的比例是任何机关所及不到的。现在连罗氏基金会及文化教育基金会的补助费计算，每年的支出在二十万元以上，而始终非专门的职员只有一个会计，一个庶务，两个人的薪水一共不过二百余元。他没有秘书：所有的信都是自己写——往往一早上写几十封信，把手写痛了，提不起笔来。信写完了就考察各部分的工作。除去地质调查所本身的工作以外，还有燃料，土壤，地震和新生代地质四个研究室。其中燃料与土壤原不是地质学者分内的事。但是除去古生物一部他不大过问外，其余的工作他不但能了解，而且能随时指导。余下来的功夫都用在编辑印刷物上面。地质调查所本身的汇报，专报，古生物志等等已经极烦重的了。他又是地质学会事实上的总干事兼总编辑。这两个机关的出版品总数在一万页以上，至少有一半是经他手细看过校过的，有四分之一是经他改正过的。我有时候看见他把人家的论文从头到尾替他重做过，然而仍然署原作者的名；他自己不要求丝毫的声明和酬谢。百忙之中还要见客，讲演，开会，跑南京。志行稍弱的人自己再也不能做研究工作的了。他却不然。读过他《锥指集》的人都知道他的通俗文章的成绩。真正研究的方面，如地震，矿床，矿物，河流的沉淀，造山的运动，他都有很重要的供献。若不是因为大部分的光阴消磨在"为他人做嫁"上面，他的科学的成就一定要十倍于此的。所以他一方面因为地质调查所的关系不肯做校长部长，一方面极希望脱离地质调查所所长的职务，专心做他研究的工作。只是苦于找不着替人。替人当然是很难找的——纵然有人能有他的聪明学力，有谁能有他的牺牲精神。他与别人不同的是：他是个性极强的人而主张很温和；他是极明察的人而待人很厚道；他是极清廉的人而处世很平易。我常对他说笑话道："我根本不相信世上有圣人。若是有，你总要算一个！"

青年的读者！有人告诉你，"社会是万恶的"，"世上没有好人"。你不要相信他，因为翁先生就是一个极好的反证。

有人要告诉你，环境是不可抵抗的，人是环境的产物，你不要相信他。翁先生早年的环境是一个十足的纨绔。他祖父死的时候他父亲分得有二十万两现金；上海还有一所铺子，每年有好几千收入。他是长房的独子，祖母的爱孙——八岁时就要陪祖老太太打牌。然而他十三岁就进学做了秀才。以后在中国和外国学校里念书，考试总在前五名。他的中年的环境是北京城里的一个灾官，然而他从没有因此而志气颓丧，或是因为室家之累而放弃他的为学与做人之道。足见得肯努力的人可以战胜环境。

有人告诉你，非会得吹牛拍马不能在社会立足，你不要相信他。翁先生是最不会吹牛拍马的人。记得民国五年他刚进农商部的时候，当时的总长硬要把他的位置给一个从美国回来的无赖——现在这一位无赖变为被通缉的刑事犯了。因为他不会吹牛，连外国学者新认识他的时候，都不知道他。民国八年我出国一年，翁先生代理我的职务。当时我的朋友农商部顾问安特生先生很不以为然。等到我回来，他对我认错道，"翁先生是一个受过完全教育的地质家，在任何国家里都不容易找到的"。

有人要告诉你，社会没有公道，朋友没有真心，你不要相信他。这一次翁先生受了伤，许多和他交情很浅而且没有利害关系的人都纷纷的打电报写信探问他的病状。他做人虽然极其和平，对于属员的工作丝毫不肯放松。有了过失往往不客气的责备。然而二月十七那一天，地质调查所的同人听见了他重伤的消息，一个个相对流泪。受伤后十天内，除他家族以外，有六个人轮流在医院守夜：两个是他的旧同事，两个是十年以上的属员，一个是去年毕业的学生，一个是西湖博物馆的主任。

由此看来，中国现在的"世道人心"并没有比任何时代，任何国家坏。青年的读者，希望你们把翁先生做模范，努力来建设簇新的国家！

（《独立评论》第九十七号，一九三四年四月二十二日）

我的老朋友汤晋
——《汤晋文集》序

　　汤爱理先生是我三十年以前的老朋友。民国以来，同住在北平，不断的见面。民国十六年我同他同住在德国饭店，一天晚上看见他同一位青年吃晚饭。我过去招呼方知道是他的公子汤晋。十七岁已经考入燕京。我当时很替他高兴。不料去年他竟因游水受伤死在南京了！爱理把他的遗文搜集起来出版为他纪念，叫我做序。我把这本遗著看过一遍，发生两种感想。汤晋是先学物理，后学新闻学的。在教育上这是一种很难得的连合。学自然科学的人往往不屑得做宣传与通俗的文章。普通新闻记者又很少有科学的训练。假如他不死，投身于新闻事业，一定可以提高新闻界的程度。我很希望有志于新闻事业的青年，学他的好榜样：在没有专习新闻学以前，先受一番科学洗礼。他的遗著很可以代表目前优秀青年的知识和志趣。七篇中文、五篇英文之中，一篇是他毕业的论文，是讲物理的，此外六篇讲航空，一篇讲医学史，一篇讲新闻史，两篇讲外交，一篇小说。许多腐化的人动辄骂现代青年不如从

第二编　人物与交游

前。请问三十年前，哪一位二十三四岁的青年有这种知识，能写这种文章？就是他的死也足以代表时代的进步。三十年前二十三四岁的青年，还饱受了"千金之子，坐不垂堂"的教训，路且不会走，何况游水？喜欢运动，不怕冒险，现在的青年比三十年前高明何止十倍！所以我看了汤晋遗著，一面为朋友和社会可惜这一个优秀的青年，一面觉得这是三十年来青年进步的证据，在国难当头的时候，给我不少的安慰，增加我不少的民族自信心！

（汤中：《对于在君先生的回忆》，《独立评论》
第二百一十一期，一九三六年七月二十六日）

第 三 编

见解与主张

丁文江

自述

假如我是张学良

自从日本人有侵略热河的消息，中央政府与地方政府天天计划抵抗的办法，但是抵抗没有实现，中央与地方先发生了冲突：本月七日，汪精卫辞职，同时通电责备张学良。据八日的《大公报》，张学良也有辞职的消息。大难当前，军政首领依然不能合作，真正使我们觉得中华民国的末日到了！

试问汪精卫和张学良都辞了职，热河的问题就可以解决了吗？负军政责任的当局一辞职就可以告无罪于国人了吗？不错，假如张学良觉得抵抗日本，事实上是不可能，或是抵抗所必需的条件，中央的力量可以做的到而不肯容纳，那么他除去辞职，当然没有第二条路走。但是我以为事实上并不是如此。

我先讲抵抗日本的具体办法。我们先要觉悟一旦热河有了军事行动，北平天津是万万守不了的。单就陆军方面看起来，我们的第一道防御线在山海关，第二道在滦河。但是秦皇岛在山海关的后方，天津在滦河的后方，日本人随时可以在这两处上陆，上陆要比在浏河容易十倍。在这种状况之下，无论军队如何精多，武器如何优良，因为地理的关系，没有法子可以长期的防守。何况从山海关到天津北平都是平原旷野，日本的飞机，坦克，重炮，都可以使用，还不比得闸北江湾处处有小河，小沟和水田，使得日本人无法利用他们的坦克。

但是我们要抵抗日本，我们决不希望军事当局在山海关天津之间，作大规模的战争，或是长期的守御。我们只希望他牺牲一部分的实力，为国家争点人格，使日本人取平津必须出相当的代价。我们要明白日本的目的不在平津，而在热河，所以我们的真正的防御，长期的战争，也不在平津，而在热河。因为日本人要取得了热河，热河就永久不能恢复；日本人纵然占领了平津，平津总有日子收回。假如我是张学良，要预备积极抵抗，第一步先把司令部移到张家口，同时把重要的军实，北宁路的车辆，逐次的运到居庸关以北。只留一部分的军队在山海关秦皇岛滦州天津等处。在这几处经过相当的抵抗以后，也预备从冷口，喜峰口，古北口分别退到口外。现在驻在热河边界的军队应该从速的进到朝阳，并且积极筹备朝阳凌源，平泉承德各地间的运输。热河东南两部完全是山地，不但日本人的坦克重炮都不能使用，就是飞机也有许多危险。喜峰，古北，和南口，三处都是天险。每处有一两万人防守，日本人非有一倍以上的兵力，不能进攻。只要能守得住热河，放弃了平津是不足惜的。只要当局有必死的决心，充分的计划，热河是一定守得住的。

为什么我说司令部应该在张家口呢？因为平津放弃以后，在热河察哈尔的军队与中央失去了联络；一切的接济都要仰给于山西。大同到张家口不过几点钟的火车，大同到太原有现成的汽车路，一天可以达到，太原有比较新式的兵工厂，可以源源接济前方，所以张家口做司令部最为适宜。

　　第二是军费问题。这一次中央与地方的裂痕，这问题是导火线。我不知张学良所辖的军队究竟有多少人，打起仗来究竟要用多少钱。据日本报纸所发表，不连热河，一共还有十五万支枪。据我所闻，目前北平所发的军费，每月是四百一十万。十九路军在上海作战的时候，一共三万人（八十八，八十七师在外），中央每月发五十万。要拿这个数目做标准，则每月四百一十万，养十五万兵，已经很多。据军政部长何应钦最近的报告，中央剿共产党的军队，夫子不算，一共是六十万人。因为作战，每月要多用三百万。要以这个数目做比例，则十五万人每月应增加七十五万。似乎用不着汪精卫电报里所说的那样的多。不过我们没有看见过官方的正式报告，以上数目是否与事实相符，我们无从知道。若是我是张学良，我一定请中央一面派人点验我的军队的枪支人数军实，一面把所有华北的税收机关由中央派人接收。作战时候的军费，子弹，以及其他的需用，一切由中央照全国军队最优的待遇供给——照十九路军在上海作战的时候一样。张学良要真正有抵抗的决心，这种办法事实上一点不会吃亏，因为抵抗的事实一发生，平津与河北地盘万无可以保存的道理。将来退到热河、察哈尔，军费一定要中央供给的。落得从现在起，先为其他军队做一个模范。他不要怕中央不能按期发饷，他只要有抗日牺牲的决心，全国人都会做他的后盾。任何人是中央政府，都不敢不接济他的。

若是肯如此，张学良可以不必辞职，汪精卫也决不可辞职，中华民国也许还有一线的希望！

（《独立评论》第十三号，一九三二年八月十四日）

假如我是蒋介石

  自从日本攻击山海关以来，全国人士又纷纷的宣言抵抗，连许多军人也都打电报请缨。但是抵抗强敌不是发宣言打电报所能发生效力的。假如日本再向昌黎滦县进兵，在塘沽上陆，占领天津，并且利用东交民巷的守卫来扰乱北平，我们的当局应该用什么方法来保全将失未失的国土——纵然保全不了国土，至少要保全国家的人格，使敌人不能长驱直入，使它受相当的损失，使世界知道中国人对于国土是不肯轻易放弃的——我们还没有看见有任何具体的讨论。

  到今日而言抵抗日本，谈何容易？平津到山海关是一片平原，元险可守；所有日本人尽有而我们全无的武器在这平原上面都可以发生可恐怖的效力。日本人完全掌握远东的海权，渤海是等于日本海军的演武湖。一旦有事，秦王岛塘沽随时可以上陆，断我们军队的后路。北方军事最高机关所在的北平还有几百日本兵守卫。不必说北方的青岛，烟台，海州以及南方沿江沿海的城池都是日本人俎上之肉。在这种情形之下若是我们没有明白的认识，绝大的决心，坚固的团结，纵然抵抗，决不能发生任何的影响，纵然局部有短期的效能，决不能防止全部分的瓦解。

我先说明白的认识，因为决心和团结都要从认识来的，我个人向来极端唱"低调"的：我向来主张中国遇有机会，应该在不丧失领土主权范围之内与日本妥协。并且应该利用一切国际的关系，来和缓我们的危急，来牵制日本使它与我们有妥协的可能。不幸我们把几次难得的机会都丧失去了；国际的形势又因为其他的复杂问题有于我们不利的趋势。等到日本公然的承认满洲国，积极消灭黑龙江的义勇军，我们就知道日本一定要有进一步的举动，我们一定不能苟安，所以我们主张积极的防御热河。迁延到去年年底，军事当局方始有防御的表示。防御的布置还没有实行，山海关已经发生了冲突。

然则这一次的乱子不是我们自己惹出来的吗？若使我们不想进兵热河，山海关不是就没有事了吗？这正是日本政府公开的主张。日本已经认为热河是"满洲国"的领土，我们出兵就是挑衅。但是这种主张我们能承认吗？我们若是把与河北唇齿相依的热河，不发一兵，拱手让给我们的敌人，我们能保全察哈尔，绥远吗？我们能坚守河北省吗？譬如山海关被日本占领以后，日本政府说这问题可以地方解决。只要中国兵退到昌黎，让"满洲国"的警察占领山海关，日本就不再进兵。表面上看起来，我们立刻屈服了，可以得一时的苟安。但是几个月以后昌黎依然会发生冲突，我们得退到滦县。滦县将来一定发生同样的冲突，我们得退到天津。如此则每次日本只要牺牲一百二十个官兵就可以占领我们一大片的土地。我们变成一大块肥肉，被日本人从从容容的，一刀一刀的割去，慢慢的，一口一口的吞下，舒舒服服的消化掉。这样便宜的事日本人岂有不来？这样没出息的国家，还有谁肯援助？

这不是我们的幻想，是稍懂得日本军阀的计划的人所不能否认的。日本军阀有这种计划原不从今天起的。起初也不过是少数人的幻想。其后在东三省处处顺手，处处不费气力，他们才要把他们的幻想整个儿来实行。要不是义勇军扰乱，马占山，丁超，李杜和苏炳文的反抗，热河早已有日本兵的踪迹了。我们的军事当局不于苏马没有失败以前向热河进兵，是很大的失策。到了今天，若是依然以苟安为目的，这是最下流的自杀政策！

我们是极端反对自杀的。任何国家，无论环境如何困难，都要有决心在万死中求生存。我们要明白的认识下列的事实：

（一）日本是得步进步的。决不是割一小块土地，就可以保全一大块土地的。他们是要实现"全亚洲"主义，和"亚洲孟罗"主义的。我们越不抵抗，这种主义越实现的快，越有实现的可能。

（二）日本的实力不是无限制的。要并吞中国不是可以不计代价的。我们唯一的生路是尽我们力量来抵抗。我们不能保全国土，我们至少应该使敌人出最高的代价来买它，不能拱手的奉送于他。如此方始能使我们的敌人反省，他所要买的地土价值是否太高。

（三）我们无论如何抵抗，是不能希望日本因此而放弃他的计划的。我们要生存，还得要靠国际的均势。但是要人帮忙，先要自己帮自己忙。个人如此，国家又何尝不是如此。只要我们肯牺牲，有牺牲的办法，得到牺牲的成绩，我们不怕没有人援助的。若是我们对于我们自己的国土不甚爱惜，而反希望旁人来替我们抵抗，天下哪里有这样便宜的事件？

如果上面所说的话是对的，我们主张抵抗，不是唱高调，是唱最低的低调，不是凭一时的情感，是用十分的理智，不是谋自杀，是图生存。把这个前提认识明白了，然后才能有决心，有办法。

假如有了认识，有了决心，办法在哪里呢？要知道我们要提议具体的办法，不但先要知道许多未经公布的事实，而且要了解握军政权人的心理和能力，不然，空言的办法，是决不能实行的。不过假如我是蒋介石，我的办法如左：

第一我要立刻完成国民党内部的团结。自从九一八以来，南京政府常常以举国一致相号召，并且对非国民党的人表示愿意合作。但是南京政府依然是党的政府，党的内部依然是四分五裂。在这种情形之下，非国民党的人有两种感想，使他不能充分的合作。一是觉得政府没有诚意：政府当局和他们共过患难的党人，在这种危急情形之下，仍然不能彻底的放弃私怨，谋国家的生存。非国民党的人加入党的一部分，是否有合作的可能。二是觉得政府没有能力。当大难临头的时候，举国一致来负责任，天下事还未可知。现在各人依然以各人的政治生活为前提：你伺我隙，我攻你短。非国民党的人加入党的一部分，于事有何裨益。这一次三中全会，在广东的重要会员都没有加入，加入的孙科和伍朝枢，还有一个置身事外。在这种情形之下，要谋彻底的抵抗，是极端困难的。广东派和南京派的分裂，原因固然是很复杂，但是胡汉民和蒋介石的冲突至少是导火线。广东派之至今不能合作，蒋胡之不能以诚相见，是最大的原因。假如我是蒋介石，我一定立刻使胡汉民了解我有合作的诚意，用极诚恳的忏悔态度，请胡到南京。天下惟诚可以动人，何况在现在的情形之下。纵然胡始终不肯来，至少使国人知道蒋有与胡合作的诚意。不来的责任，在胡而不在蒋。若胡真能到南京，不但全国人知道国民党又变为完整的政党，我们"拥护"它，也还值得，也还可以希望发生效力，而且世界各国（日本在内）都知道中国的首领居然是"阋于墙外御其侮"的，于我们抵抗的能力，国际的形势有莫大的影响。

第二我要立刻谋军事首领的合作。曾经反蒋的阎锡山和冯玉祥在北方依然有相当的势力。日本人终日放谣言，说某某要拥戴某某，推倒某某建设第二个"满洲国"在北方，与南京对抗，我个人绝对不相信冯阎二人与这种谣言有任何的关系。但是要在北方抵抗日本，山西是我们真正的后路。察哈尔是我们第二道防线。北方兵工厂比较的安全地带的是在太原。我们预料平津到山海关的区域是不能久守的，如果张学良或是任何其他的军队退出居庸关，他们和政府的联络，全要倚赖山西。所以第一步要与阎锡山有彻底的谅解，由中央尽量的供给他原料，日夜增加兵工厂的工作。在北方作战所需要的子弹，当然要由山西供给。冯玉祥是提倡积极抗日的。看他在河南内战的成绩，他是壕沟战术的能手。今日不妨给他一部分的军队，守一部分的土地。如是则全国军人都了解这一次作战与内战完全不同。拼命不是为个人而是为国家的。然后军队的调遣，给养的供给，子弹的分配，才不至于因政治问题而发生顾忌，发生障碍。

第三我要立刻与共产党商量休战，休战的唯一条件是在抗日期内彼此互不相攻击……。共产党与第三国际的关系，是大家都知道了。中俄已经复了交了。形势与去年一月不同。为抗日计，与其与苏俄订不侵犯条约，不如与中国共产党休战，这是很容易了解的。

以上的三件事实上能做到如何的程度，虽然没有把握：但是以蒋介石的地位与责任，是应该要做的，做到十分，我们抗日的成功就可以有十分的把握，做到一分也可以增一分的效能。如果对于江西的共产党有相当的办法，长江以北的军队可以尽量的向北方输送；把守卫南京及长江下游的责任交给剿共的军队。总司令应该来往于石家庄与郑州之间。军队战守的分布应该打破防区制度，通力合作。如防守胶济路固然可以交给韩复榘，但是蒋介石直辖的军队，未始不可加入。救援热河，固然可以责成张学良，而冯玉祥何尝不可以指挥。山海关以西一直到平津，用什么军队布防，什么军队作战，应该通盘筹算，由全国的军队在最经济最有效能范围之内，共同担当，夫然后可谋军令的统一，劳逸的均平。

　　国家当然不是蒋介石一个人的国家，抵抗也不是蒋介石一个人的工作，这是不用说的。但因为地位的关系，军事委员会的委员长所负的责任，比任何人为重大，谁也不能否认。中国今日已经到了死中求活的地步。无论内政的经过如何，在今日都不能算账。当局的人果真能为中华民国为最后的挣扎，国民当然要同他站在前线准备牺牲。要不然束着手等人家宰割，固然是该死，无计划，无决心的对付，牺牲未必不大，而结果是不堪问的了！

　　　　（《独立评论》第三十五号，一九三三年一月十五日）

给张学良将军一封公开的信

汉卿先生：

　　最近几次见面有许多话要想详细的对您谈谈。始终因为在座人太多了，不能容我一个人演说，不能畅所欲言。我现在索性把我要说的话写了下来，请您考虑。

　　我认识您到今天差不多十一年了。从民国十一年到十五年，我当北票公司的总经理，常常因为公司的事和您见面。您对于公司的帮忙和对于我个人的好意，我至今没有忘却。到了今天，不但是中华民国生死存亡的时会，而且是您个人遗臭流芳的关键。在这个时候，您很需要几个朋友忠实的对您说两句真话。我下面所说的话，我知道都是您的朋友心底里的话，但是因为种种关系他们不肯说或是不敢说。以我的观察，您不是一个拒谏饰非的人。友谊的忠告您未必即以为忤。万一我这封信能够增加您几分的决心和勇气，就是使您感觉一时的不痛快，也是值得的。

　　热河的战事是二月二十一日开始接触的。廿二早上八点钟日军已经由南岭开进北票。廿五日就到了朝阳。廿四开鲁失守，廿六日军占领下洼子。以后三月一日失凌南，二日失凌源，三日失赤峰平泉，四日失承德。据东京的路透电，四日上午日军已经占领冷口。自今以后不但我们的国境只能到长城，而且长城上的要隘都在日本人的手里。朝阳到承德一共有六百四十多里，日军七天就占领了承德。昔人说："日蹙国百里。"这真是这一次战事的结论了！

不错，把这一次战败的责任完全放在您一个人身上是不公道的。汤玉麟这几年在热河无恶不作，弄得十室九空，天怒人怨，是这一回悲剧的背景。不过汤玉麟是谁用的？他的行为是从今日才变坏了的吗？九一八以后您对他不能没有顾忌，我们可以有相当的原谅。从民国十七年到二十年，您完全主持四省的军政。那时候您岂不能早为之地？您前几天对我们说热河的老百姓并不知道东北军和汤军的区别，把东北军当汤军一样的看待。老实说，这种心理并不限于热河的人民。我敢说今天大大多数的人都是如此观察。就是知道最近事实的人至少也不能不承认汤玉麟是张家的人，张某人应该负相当的责任。

这一次作战计划最大的错误是把朝阳建平，和开鲁赤峰这两路交给汤军。董福亭没有打伤一个日本兵就放弃了朝阳，崔兴武没有抵抗到一天就退出了开鲁。从纯粹军事上看起来，开鲁是不容易守的，朝阳是不容易接济的。但是一点没有牺牲就把这两个地方丧失了，对于我们的人心士气都发生了很大的影响。何况建平赤峰又丝毫没有准备。日军到了开鲁，孙殿英的队伍还没有完全达到围场！因此在凌源的主力军队左翼受了威胁，军心因之慌乱。您是总司令，去年十二月初已经向热河进兵。这三个月中难道不可以从容布置？如果早把孙殿英放在赤峰，宋哲元放在建平，战争的结果何至于如此的不堪？不错，这种计划汤玉麟未必同意的。但是他一共不过二万杆枪，而且分散在各处。您如果有决心，他就是阻挠，也不会发生效力的。

就是您自己亲信的军队在凌南凌源作战的，也没有给国家争得丝毫的人格。我们知道因为朝阳开鲁失守，建平赤峰空虚，凌源的左翼受到敌人的威胁原是事实。但是日军的占领凌南和凌源都是从正面攻击的。我们没有等到左翼发生危险，先就崩溃了。凌南凌源，两处的军队一共在六旅以上，何以日军用三旅人不到几天就轻易的攻下？我们原不肯相信日本人的宣传说，攻凌源的时候他们只损失了九个兵士，或是说凌源的战壕里面不但抛弃了无数的辎重粮秣，而且还掉下了许多现款。但是川原的队伍一日才用汽车由朝阳出发当日就到叶柏寿，二日就占了凌源，三日就占了平泉。白石咀，纱帽山都是天险。何以绥中的日军二十七出发，当天就占了白石咀，二十八就占了纱帽山，一日就占了凌南？凌南凌源的地势比吴淞江湾如何？闸北仓卒作战比这次有三个月的预备何如？何以十九路军能支持一个月，您的军队抵抗不到半天呢？

不错，您有您的许多困难。您所直辖的军队三十几万，有一半是杂牌，因此号令不能统一，指挥不能如意。加之兵多饷少，部下不免都有怨言。但是去年夏天以前您是国军的副司令，现在是军分会的代理委员长。这一年以来稍有知识的人都知道热河免不了要有战事。整顿淘汰军队是您惟一的责任。日本的经常陆军预算每年不到二万万元。您的军费每月是四百多万元。为什么我们每年花五千万元钱,得到了今天丧师辱国的结果?

您知道国民的愤激痛恨到如何程度吗?中国的人民不是不爱国的。东北热河后援会几日内已经收到廿五万捐款。其中的八百多元是一个山东的农民倾家破产寄来的。自今以后要想捐一个钱都做不到了。我有一个朋友从上海来的,他并不是有钱的人,这一次在上海筹了一千二百元,预备捐给我们的。昨天他遇见了我,气得要死,说:"我的钱是捐给他们打仗的。他们既然望风而逃,我不再捐钱了。"今天我雇了一辆洋车到西城。洋车夫对我说:"这两天抓车,昨天不敢出门,一家子挨饿。今天受不了了,只好出来。先生!不要说公家一天还给八毛钱。就是不给钱,只要有得吃,我也愿意帮着打日本人。现在兵不肯打仗,只知道叫我们吃苦!"《大公报》是最负责任的。主笔都是您的熟人。今天社论的题目是《当局误国至何地步?》。

到了今天,为您个人计,自己立刻跑到前线去,把畏缩不前的将领枪毙几个,趁日本兵还没有完全集中,亲自带着比较精锐的军队,不顾死活,不计成败,一直向承德冲过去,使天下人都知道您是真爱国的,不怕死的——凡是真正为国效死的人,以前的事都可以不提。这是上策。立刻引咎辞职,束身待罪,这是中策。若是还要保全所谓实力(?),所谓地盘,坐等着您的政敌纷纷起来攻击您,惹起极大的内争,摇动全国的政局,使中央帮您忙的朋友

第三编 见解与主张

一个个受累，这是最下的下策！

我知道您也是爱国的，是有血性的。不过是因为环境的关系，爱国心和血性都发作不出来。所以公开写封信，希望所有您的朋友看见他都一致的主张，完成您的晚节。文天祥说的好："人生自古谁无死？留取丹心照汗青！"我希望您猛省！

二十二，三，五

（《独立评论》第四十一号，一九三三年三月十二日）

第四编

游 记

丁文江

自

述

山海关外旅行见闻录

　　奉直战争以后，一班神经过敏的人看见张作霖在奉天立住了脚，就天天说他要报仇：不是说山海关外军队已经集中在某处，就是说某种军队向某处运输，好像是战祸立刻要再开似的。我们在关内的人，看见直军并没有举动，就认为这种消息是不确的——自从山海关议和以来，直军在京奉铁路的只有彭寿莘的第十五师（原为十四混成旅）在滦州，董政国的十三混成旅在芦台，葛树屏的十二混成旅在廊坊，其余并没有军队。这一次我到关外旅行，随便探听探听，更晓得奉天方面一时没有开战的意思了。

　　奉天现在前防的司令是张作相，驻扎在锦县。他本人的军队是原有的二十七师。其余还有两旅，也归他指挥：第五混成旅在绥中县，第九混成旅在兴城县。第五混成旅同二十七师是原来有的，不过战败以后缺额很多，至今还在那里招补。原有的第九混成旅，大半在关内逃散了；现在兴城的是第二十八师的一旅改编的。汲金纯从热河逃回，就在锦县闲住，二十八师的名目，也随了他的师长取

第四编 游记

消了。

关内所传说的前敌司令李景林目前驻防北镇，还在张作相的西面，当然不在前防。但是张作霖因为他战争时候成绩很好，把他升做暂编第一师师长，顶了张景惠的缺。

总计起来，山海关、沈阳之间，不过三师多人，比在京奉路的直军虽然多一点，然而在锦县的军队，还得分防朝阳，所以也不能算多。

除去了山海关这条路以外，直军要往奉天去惟有走热河所属的朝阳，但是朝阳到热河要走七天的旱路，接济异常的困难。从奉天之义县到朝阳不过一百六十里；从大窑沟到朝阳不过一百三十里；后路而且都有铁路接济，所以奉天要攻朝阳，直隶是没有法子可以救援。目前驻在朝阳的军队，分子甚是复杂，号令不能统一，饷源也不是一处，要真有战争，是万不能守住朝阳的。

朝阳军队一览表

名目	长官	编制	人数	驻防地	备考
热河陆军	马队一营	二百五十		朝阳县城	
同上	段营长	马队一营	二百五十	三义栈	
直隶第四路巡防	镇守使殷贵	步兵一营	二百四十	朝阳县城	
同上	同上	马队一营	一百二十	朝阳县城	
同上	同上	先锋队	二百五十	朝阳县城	新招胡匪一营
同上	同上	炮兵一连		朝阳县城	

名 目	长 官	编 制	人 数	驻防地	备考
同上	同上	马队二营	共二百四十	县东南境	
同上	同上	步兵一营	二百四十	同上	
十三师		机关枪连		朝阳县城	
毅军		步兵六营	二千四百	县西南境	
		马队三营	六百	县西南境	

以上共计四千六七百人，不过一混成旅的样子。编制、服装都不一律，而除去十三师的一连机关枪以外，有热河陆军、直隶第四路巡防、毅军三种机关。陆军是热河的饷，巡防是直隶的饷，毅军是中央的饷。陆军是没有欠饷，其余都欠到六个月以上。

在朝阳的军队既然如此复杂，在热河全境的，名目更是繁多。因为除了热河陆军、直隶巡防、毅军三种之外，还有十三师、热河巡防营、游缉队三种。

热河陆军一览表

名 目	长 官	编 制	驻防地	备 考
热河陆军		一混成旅	承德、赤峰、朝阳	
毅军	米振标	步兵二十四营	分驻承德、赤峰	每营四百人
马队六营			朝阳、凌源等县	每营二百人
直隶第四路巡防营	殷贵	步兵二营	朝阳	详见前表
马队二营			朝阳	
先锋队一营			朝阳	

第四编 游记

名 目	长 官	编 制	驻防地	备 考
炮一连			朝阳	
十三师		四营	凌源	机关枪连在朝阳
热河巡防营	唐统领	六营步兵	开鲁	每营三百人
	李统领	六营步兵	平泉	
		六营步兵	围场	
游缉队	张连仲	马队十营	分驻建平、绥东	每营二百人
		炮一连		

以上一万八千多步兵、三千六百多马队，合计约有两师人。由热河就地筹饷的，除了热河陆军以外，还有游缉队同热河巡防营。游缉队本来只有三营。奉直战争的时候，张连仲从双平招了许多胡子，把在凌源的一营多奉军围住了，缴了械；又帮殷贵打退了到朝阳来的奉军，所以又添招了七营，都是投降的胡子改编的。

若是这二万多兵，全在热奉的边境，编制、号令均能一律，也还可以抵抗奉天。但是热河全境，纵横一千多里，面积有一百多万平方里，到处都是胡匪，不能不分别驻防，所以在朝阳的只有一混成旅的人数，而且不能都在奉热边境。奉天果然要取朝阳，不是很难的事。能取而不取，就是奉天不要开衅的证据。殷贵的兵本来是八营，战前裁减为四营。现在直隶觉得朝阳的兵力过于薄弱，决定把朝阳的直隶第四路巡防营，添招四营，恢复从前的数目。然而军衣军械，都不能由京奉铁路出关。听说从旱路运输，用了三十辆大车，走了十二天，方才运到。接济的困难，可以想见。

　　热河担任的军饷，是热河陆军、巡防营、游缉队，一共也有一师人。统计全境的收入，一年不过一百多万元。供给军饷之外，其他行政经费，自然异常的支出。这还是仅指由热河都统支出的军费而言。此外还有地方警察，每县都有好几百人。他县的情形我不知道，单拿朝阳来做一个例。

　　朝阳一县，南北有四百里，东西有二百多里。热河的县分，收入最多的是赤峰，其次就是朝阳，所以有"金赤峰，银朝阳"的俗话。每年输入的洋布、火油等物，共值一百五十万元。其中一百二十万，来自营口；三十万来自天津。每年出口的粮食杂货，约值三百万元。地方很是富庶。因为土匪极多，稍有几文钱的人家，都有马匹快枪。地方警察也都是就地编制的。田地本来没有丁粮，以后办了亩捐，一年有十一万七千六百元的田赋，完全用在本县。汲金纯在热河的时候，加派了一万六千元的亩捐。这是要解热河的。除去了亩捐，还有车捐、商捐，每年也有一万多元，也全在本县支用。所以地方公款，有十三万元之多。就是江南最大的县分，也赶他不上。无奈警察费就去了将近十万元！义仓经费约一万元，教育经费，摊不到一万元，不足地方收入百分之八，劝学所的经费还在其内！县里面有一个中学、五个高等小学，因为人才经费的缘故，成绩都不甚好。自从奉直战争以后，粮食运不出去，土匪日见其多。新招降的胡子，个个通匪。土匪出来穿了军衣,人民就不敢打他。有时候胡子到了一个村子,人民误认他是军队,受了大害。以后军队来了,人民误认他是土匪,开了几枪,以后更受了大害。地方人民,本来很有自卫的能力。自从兵匪不分,自卫的能力,就减少了一半。现在直隶巡防营,再添招四营新兵,人民更是要叫苦连天了。

（《努力周报》第二十八号,一九二二年十一月二十日）

漫游散记

这二十年来因为职务的关系，常常在内地旅行，二十二省差不多都走遍了。旅行的途中，偶然也有日记。但是始终没有整理。现在把其中比较有兴趣的事情，摘录出来，给适之补篇幅。因为次序没有一定，事实也不能连贯，所以叫做散记。

我第一次的内地旅行

不吉利的澡盆

我于一九一一年五月十日从欧洲经过西贡海防，到了劳开。距我出国留学的时候，差不多整整的七年。那时候滇越铁路刚刚通车。从河内起，到昆明，要走三天。每天要下车住。劳开是第一天的宿站，在红河的右岸，对河的河口，就是云南地方。

我直接从欧洲回来，没有带铺盖，下了车要想找一个外国旅馆过夜。到了站口，遇见了一个华安栈的接客

第四编 游记

· 93 ·

的，再三拉我到他那里住。我到客栈一看，是一个广东的酒楼，客房的布置，也与上海香港的广东酒楼一样，用半截木板隔开，一间一间的连贯在一排。而且各房都没有窗子。阳历五月劳开的温度已经在华氏九十度左右，一进屋衣服立刻湿透。我要出去找外国旅馆。接客的人说："先生不要忙，我带你看我们顶好的房间。"

果然酒楼的后边，楼上有一间大房，房里有一张床，一张桌子，一把椅子。床上挂着白洋纱帐子，铺着一张席子，放着一个小磁枕头，比普通的客房好得多。我于是就勉强住下。汗出多了，要想洗澡：叫茶房拿一个盆来。他只是摇头说："盆不干净。"我说："不管他，拿来再说。"等了一会他拿了一个圆木桶来，虽然太小却是很新的，并没有什么不干净。他打了水来，就板起面孔对我说道："先生，你不管盆干净不干净，一定要洗，洗出晦气来，不要怪我。"我再三细看，竟看不出不干净的所在。他也急了，才说道，"先生！你难道看不出这是女人用的盆！"我方才知道，用女子用过的盆洗澡是不吉利的！

我洗了澡，四面细看，房里墙壁上一点东西都没有，只挂着一张琵琶。我恍然大悟，这是妓女接客的房间，所以有不吉利的澡盆。果然吃了晚饭，左右隔壁都弹唱起来。一直到早上四点，才渐渐没有声息。我通夜没有能睡，不但弹唱的闹得利害，而且不放帐子睡，蚊子太多，放了帐子，闷热得受不住，席子上又有汗臭味，枕头是又硬又方的。好容易挨到天亮，刚刚有点睡着，茶房已经来开早饭了。

这是我回来第一次住中国客栈的经验！

私带军械

五月十一日六点钟，我从劳开上车过红河桥，到了中国境内的河口。在劳开法国的税关已经把我行李草草的查验过一次。到了河口，中国的海关又有人上车来查验。一个红头发的外国人同了两个中国助手，走上三等车，眼光就注视到我身上。

"你是中国人吗？怎么没有辫子？"，这位红头发的先生用纯粹的爱尔兰口音问我。

"我是刚从英国回来的留学生，到云南来游历。"

"留学生！你带得有军火么？"

这一句话可把我呆住了。我有一个爱尔兰的同学，他到火车站送我的时候，拿了一杆英国陆军用的八寸长的手枪给我。他说："听说你要到中国内地去旅行，不可不带军械。这是我常用的一件东西。送给你防身，而且做个纪念。可惜我没有子弹了。你到了伦敦，千万买几百粒带去。"我到伦敦，忙了上路，忘记去买子弹，只把一支空枪带走。不想一到本国，就因此发生了麻烦。

"我有一支手枪，是一个爱尔兰的同学送给我做纪念的。"我只好硬起头皮老实的告诉他，一面拿手枪出来给他。

"啊！我也是爱尔兰人。这是军械，不能私带的。你有护照么？"

"我有，我有！"我连忙把驻英公使发的一张护照给他看。他问他的中国助手，护照上写的什么。

第四编　游记

"护照上说他是英国留学生，回国来游历的。并没有提起手枪。"

"没有提起手枪，有护照也不行的！你知道私带军火，在中国是有罪的吗？子弹呢？"

"我只有枪，没有子弹。"

他一面摇着头，一面把我的行李反复细查。

"你这个人太奇怪了，竟带了一支空枪！"

"我对你说过，是一个同学送给我做纪念的。"

他想了一想，对我说道，"手枪当然是要充公的。照例你私带军械，我应该把你送中国官厅扣留审问。但是你没有带子弹，又有使馆的护照，我不难为你了。但是这几天接到命令，因为广东有留学生闹革命，对于留学生，特别的注意。我不能不报告蒙自海关道台。我下去就得打电报，看你的运气罢！"

我眼睁睁的看着这个爱尔兰人把我的爱尔兰朋友送我的手枪拿着下车去了。火车到了蒙自，上来两个警察，对于我很注意。我把护照给他们看过，他们并没有提起手枪。大概红头发先生电报打晚了，或是竟没有打。我虽然犯了私带军械的罪，居然逃出了法网！

板桥驿——壁上题诗与滇越铁路

我在昆明住了两个多星期。当时叶浩吾先生做云南高等学堂的监督，极力的留我在云南教书。我因为离开中国已七年了，决意先由贵州湖南回家一次。叶先生帮我做衣服铺盖，雇夫子，介绍我见云南提学使叶尔恺先生，派了两名穿号挂子的徒手护兵送我到镇远。从昆明经贵阳到镇远旱路一千六百里，按站走要走二十八天。我带得有许多仪器书籍，本来想雇牲口。以后一打听，马行里的规矩，雇牲口至少十二匹才肯单走，不然要给人结伴，极不方便。只好做三个竹架子，雇夫子抬行李。我自己坐一乘"滑杠"。这是一种极单简的竹轿。用两根长竹子做杠，前后捆两根横竹板。中间挂一块木板做座位，把铺盖打开，铺在上边。前面再挂一根小竹子做踏脚，只有两个人就可以走长路，比四个人的轿子省便的多。一共八个夫子，一个空身的夫头。都是从麻乡约行里雇来的，麻乡约是西南最有名的夫行，专做运输的买卖。据说创办的麻乡约是四川人，跟杨玉科平云南回乱有功。他不愿意做官，就组织了一个夫行。凡去四川，云南，贵州旅行的人，都得请教他。半路上夫子偷东西或是逃走，都由他行里负责。一直到民国十九年我到四川贵州的时候，重庆贵阳都还有他的分行存在。

五月二十九日我装了假辫子，留了胡子，穿上马褂袍子，带着黑纱的瓜皮小帽，同九个夫子，两名护勇，九点钟从昆明出发，下午一点半到板桥驿，夫子就不肯走，说前面没有宿处了。住的客栈，很像北方的"四合厢"的房子。前边三间是柜房厨房，朝南的是三间上房：东西各有三间厢房。我住的上房：地是土铺的，桌子也放不平。屋上瓦极薄，透光的不止一处。那一日下小雨，房子里面已经漏湿了好几处，房后面有窗，开了一看，正对着马槽猪圈，立刻飞进来无数的苍蝇。房子里面一张床，一张桌子，一条板凳，

第四编 游 记

·97·

都堆满了灰。桌子上有半分厚的黑油灰，擦不掉，抹不去。最不得了是我八点钟吃的早饭，一点半到店，三点半才有饭吃。因为客栈的规矩，只供给白饭，菜由客人自备。客人一到，先要买菜，然后挨着次序做菜。后到的客人。要等先到的吃过了，锅子方始有空。我没有带厨子。幸亏带的两个护勇，有一个姓陈的跟赵尔丰当过哨官，到过西藏，是老出门的。他虽不是厨子，在军营里住久了，会炒青菜，鸡子，不然沿路上只好吃白饭了。我才晓得劳开的华安栈，已经是百分之二十近代化的了。

外面下雨，不能出门，坐在房里饿着肚子等饭吃，异常的烦闷，忽然看见墙上题满的诗，仔细一看，都不很通，唯有一首引起我的注意：

> 万里作工还被虐，乡山回首欲归难。十人同路余三个，五日奔波始一餐。乞食几家饭韩信，干人有客愧袁安。寄言来往衣冠者，末路应怜范叔寒。丙午春偕同辈作工于滇省，不堪法人之虐待，相率辞归。既出省城，资斧断绝，同行者十人，惟存余三人而已。寒宵不寐，书此以自写苦况。津门穷客。

丙午是一九〇六年，是滇越铁路开工的第三年。这条铁路是一米突宽的狭轨铁道，最陡的坡度是四十分之一。全路工程异常的困难。从劳开到蒙自，一一三英里，有一二八个山洞；蒙自到昆明，一七六英里，还有三十个山洞。全线二八九英里，一共有一五八个山洞；山洞的总长度为十一英里有半，所以全线的二十五之一，都是山洞。建筑费每公里为三十五万五千法郎。而且路线的大部分在极深的峡谷里面，温度湿度极高，瘴气极其厉害。法国人修路的时候，本地人怕瘴气，不肯去做工。于是法国人同包工的意大利人到山东直隶两省，大登广告，招募工人。招去的一万多，死去五千以上。南溪一段，有"一根枕木一条命"的传说。这一位"津门穷客"一定是一万多人中的一个，被法国或意大利人骗到云南来的。当日招工的时候，山东直隶的地方官极力的帮外国人忙。到了云南以后，云南的地方官对于他们的待遇绝对不敢过问。这是在中国修铁路最可痛的历史。所以津门穷客的诗虽不好，却有保存的价值。

"地无三里平"——雍正以前的地图——新旧驿道

贵州有个俗语说："天无三日晴，地无三里平，人无三两银。"初听得的时候，觉得未免形容过分。等到在贵州旅行久了，才知道这三句话都与事实相去不远。我第一次在贵州境内旅行了一个月零七天，下了十五天的雨。民国十八、十九两年再到贵州，旅行了五个月，只有二十八天是真正的晴天。可见得"天无三日晴"的话是不错的。我现在要举几个例，证明贵州是"地无三里平"的。但是在这个以前，先要说明通行的贵州地图的错误。

从昆明经过马龙，沾益到白水镇，有英国军官戴维士所测的地图，沿路的距离高度都还可信。过了白水向平彝县，再向东到贵州境内就只有武昌舆地学会所出版的略图可供参考，高度完全没有测过。照这个图，从平彝到贵阳的驿道，要经过亦资孔，普安，盘江，铁索桥，永宁，关索岭到安顺的黄果树。我从平彝起，就自己用指南针步测草图，并用气压表测量高度。过了亦资孔，我以为一定快要到普安了，而大路忽然走向了东北，经两头河，刘官屯，杨松，罐子窑，花贡，向毛口河。以上的地名除刘官屯，毛口河以外，都不见于图上。从亦资孔到毛口河要走五天。我天天打听什么时候可以到普安，天天不得要领。以后快到毛口河，我详细问我的夫头。他说大路不但不经过普安，而且并不走铁索桥，关索岭。一过了毛口河就到郎岱，然后再经坡贡到安顺的黄果树。他走了几十次，都只知道这一条驿道。我当时大惑不解，何以武昌舆地学会的图竟会把驿道都弄错了。以后到了贵阳，买了一部贵州通志，方始知道老的驿道原是走普安，铁索桥，关索岭，大概如图所载，但是雍正七年鄂尔泰已经奏明把驿道改到毛口河，郎岱了。再仔细一想，武昌舆地学会的图就是所谓胡文忠公地图，是根据乾隆年的大内舆图翻刻的。大内舆图虽是在乾隆年刻的，实际是用康熙年间天主教教士所测的图做蓝本的，并未加以丝毫修正。新驿道是雍正七年改的，图是康熙年间测的，当然不会相符合的。所可怪的是这是云贵两省的大道，每年来往的士大夫不在少数，竟没有人发见图的错误！因为不但是武昌舆地学会的图如此，所有商务印书馆的"最新"中国地图，和英，德，法，日文的一百万分之一的图都是如此！一条贯通两省的驿道，在图上错误了二百多年，没有人发见。足见我们这二百多年地理学的退步。

　　据鄂尔泰的奏疏，因为旧驿道经过盘江，铁索桥等处，异常的难走，所以才改修新道。但是据我当日的实测，经毛口河，郎岱的新路也极其不平，而且向东北绕了一个大湾子，要远了将近六十里路，很不可解。当日很想找个机会，把旧驿道也测量一同，来做比较，但是始终未得如愿。直到民国十八年铁道部提议要修滇湘铁路，派了一队人测量路线，一位姓周的队长误听了本地人的话，从亦资孔经过刘官屯，盘江铁索桥，关索岭测量了一条路线到黄果树，方才把这问题解决了。我现在把周工程师所测的旧驿道和我所测的新驿道，择要列成两个表如下：

旧驿道

（高度以出海面公尺计算，距离以公里计算，各地自西往东排列）

地名	高度	从刘官屯的距离	各地间的距离
刘官屯	一，六二四		
三板桥	一，四六七	二二・二	二二・二
普安县	一，六六七	二八・七	六・五
江西坡顶	一，六一〇	四二・七	一四・〇
洒米河	九〇〇	四八・六	五・九
江东坡顶	一，五〇〇	五二・五	三・九
安南县	一，五一九	六〇・六	八・一
盘江铁索桥	六二〇	八〇・四	一九・八
永宁县	一，四五四	九〇・九	一〇・五
北口	九三一	一〇〇・一	九・二

关索岭	一，一一〇	一〇五·二	五·一
坝陵桥	九〇三	一一四·四	九·二
黄果树	一，〇〇八	一一八·五	四·一

新驿道

地名	高度	从刘官屯的距离	各地间的距离
刘官屯	一，六二四		
杨松	一，四四三	二一·三	二一·三
江西坡顶	一，五二五	二六·三	五·〇
江西坡底	一，二二〇	二九·七	三·四
炒米铺河	一，一九九	三八·五	八·八
罐子窑	一，四七三	四四·五	六·〇
铁场	一，五八八	四八·三	三·八
河底	一，〇三三	六二·七	一四·四
花贡	一，一八〇	七一·二	八·五
毛口河西坡	一，二六八	八三·六	一二·四
毛口河	七一一	九三·九	一〇·三
三王庙	一，七九四	一〇五·一	一一·二
郎岱县	一，四三二	一一五·四	一〇·三
坡贡	一，二〇二	一四一·二	二五·八
黄果树	一，〇〇八	一五三·二	一二·〇

　　细看上面的两个表，我们可以得到一个重要的地理知识。云南东部是一个一九〇〇公尺上下的高原；昆明的高度是一八九二公尺，可以代表云南东部的高原。贵阳的高

度是一〇九五公尺，可以代表贵州中部的高原。从昆明向东到平彝，经过的山不过二〇〇〇公尺，所以路比较的好走。平彝的高度与昆明差不多。但是一过平彝经过两道小山路就向下；亦资孔的高度不过一千七百多公尺，刘官屯刚过一千六百公尺但是路是逐渐向下的，还不十分崎岖。黄果树在贵州中部高原的西边，高度是一〇〇八公尺，与贵阳差不多。若是从刘官屯到黄果树，路也是逐渐低下去的，则一百公里，低下六百公尺，坡度并不能算陡。无奈刘官屯与黄果树之间，有三条很深的峡谷：在第一表上所看见的是（一）洒米河，（二）盘江，（三）北口。洒米河，北口都是北盘江的支谷。北盘江在铁索桥这一处高度只有六百多公尺，洒米河，北口只有九百公尺。这三个峡谷的东西两岸都是陡坡，成为交通上绝大障碍。在第二表上所看见的是（一）炒米铺河（河西也有个江西坡，但是与第一表的江西坡不在一条水中），（二）铁场河，（三）毛口河。毛口河就是北盘江的上流，炒米铺河和铁场河都是它的支谷。所以也是三条峡谷，两岸也都是陡岩。在这种地形之下，要从云南东部直接修一条铁路，通到贵阳，事实上绝不可能。

我们又可以了解为什么在贵州"地无三里平"的了。第一它是一个高原，但是比西面的云南东部高原要低八九百公尺；从高的高原向比较低的高原走，路当然不能平。第二贵州高原中间又有许多五百公尺到一千公尺深的峡谷。第三所谓高原并不是平原，中间处处都有丘陵起伏，地形极其复杂。中国旧图上硬要把这种复杂的丘陵峡

第四编 游记

·103·

谷画成了长蛇式的山脉，无怪它一无是处了。

　　要是拿新驿道来与雍正七年前的旧驿道比较，还是新驿道的路好走，因为新驿道虽然也有三个大峡谷，两岸的坡度，除去毛口河到三王庙一段之外，都比旧驿道的洒米河，铁索桥，北口三处的峭壁要平。所以路虽然要远到六十里，还是值得绕越；鄂尔泰把驿道改到毛口河，郎岱。还是不错的。

人无三两银——贵州人吃盐的方法
　　我是生长在扬子江下游的北岸的。没有到欧洲去以前，曾经到江南去过。从小就听见说江南是中国的好地方。"上有天堂，下有苏杭。"但是我并不觉得江南有什么好处，尤其不知道为什么苏州可以代表天堂。到了欧洲以后，更觉得苏州的六尺宽的石板路，弓背式的石桥，满河的臭水，和满街的马桶是人间的地狱。等到我坐滇越铁路到云南，看见河口到蒙自的路，在高山峡谷里面走，几十里没有人烟，而且火车里头二等都没有客人，三等里也不过三四个人，所有的中国旅客都在四等车里面，我渐渐感觉到江南的好处。从昆明出发向贵州走，经过头一个城是马龙州，城是土墙砌的，城里不过几百口人。我更知道云南不是个"好地方"。但是云南虽然是一个丘陵起伏的高原，中间还有许多"坝子"——西南人叫山中间的平原为"坝子"如昆明坝子，曲靖坝子。中间满是水田，二里一个村，三里一个场，好像沙漠中的水草地，还有几分江南的风景。一到了贵州境内，连这种坝子都没有了。每天所看见的，不是光秃秃的石头山，没有水，没有土，没有树，没有人家，就是很深的峡谷，两岸一上一下，都是几百尺到三千尺。只有峡谷的支谷里面，或是石山的落水塘附近，偶然有几处村落。所谓城市都在这种比较浅而宽的峡谷里面，例如贵阳；或是比较大的古落水塘中间，例如安顺。从云贵交界的亦资孔驿起，到沅江上游航路终点的镇远止，一千里路，经过郎岱，镇宁，寒顺，安平、清镇，贵阳，龙里，贵定、清平、施秉、黄平、镇远十二个州县，人口过一万以上的只有贵阳，安顺两县。如黄平，清平号称为州县，人口还不到一千，沿途的镇市村落，没有过一百户的。统计路线所经过的一千里路，自西到东，穿过全省，路边上的居民，一共不到十六万人，若是除去贵阳，安顺两个大城，其余的不过四万多人！

田地人口如此的少，省政府的收入当然很是有限——在前清时代，贵州全省的田赋不到一百万两，不过抵上江南的一个大县。农产本来极少，而且因为"地无三里平"的缘故，通省没有车轮子的影子。除去靠湖南边境，有几条河，能勉强通小民船之外，一切的运输不是人背，就是马驮，当我第一次到贵州的时候，人工还很便宜，每一百斤的货物，运一天的路，运价只要两角多钱。在当日贵州生活状况之下，除了鸦片之外，农产物已经绝对不能外运。农产物之外，只有少数的木材，朱砂，水银，运出湖南。然而有两件必需品，贵州不产，非向外省运来不可：第一是食盐，第二是棉花。由这一点看起来，贵州连云南都比不上：因为云南本省有盐井，盐比较的便宜。棉花也

第四编 游记

得向外面去买，但是云南每年产一百万元的铜，一千多万元的锡，都销到外省，所以省的贸易还是出超。贵州则几乎一无所有。要吃盐，穿衣服，唯一的办法，是把贵州的鸦片运出去交换。但是宣统三年的时候，禁烟是极严厉的。没有鸦片出口，食盐棉花都发生了问题。所以。人无三两银"的话，在我第一次到贵州的时候，尤其是有目共睹的事实。

最足以使得我永久不忘的，是贵州劳动阶级吃盐的方法。我一到了贵州境内，就只看见辣子，少看见盐巴（四川来的成块的盐叫做盐巴）。大路边的饭铺子，桌上所陈列的是，白米饭，辣子，豆腐，素菜，但是菜里面都没有一颗一粒盐屑，另外有一只碗里面放一块很小的盐巴，吃饭的人，吃得淡了，倒几滴水在这碗里，然后把这几滴盐水倒在饭菜里，得一点咸味。我从两头河到杨松的时候，在半路上"打尖"。一个夫子喊道："老板娘！拿点水来放在盐碗里。"一个五十多岁老妇人走了出来，慢慢的说道："盐碗里放不得水的！放了水化得太快了。你们嫌淡，拿起来放在嘴里呷呷就好了。"果然那个夫子照她的话把那块盐拿起来呷了一呷。不到一刻工夫，我眼看见这一块盐在九个夫子的口里各进出了一次！

我以后把这一段故事告诉我的亡友遵义人蹇季常。他说："你真是少见多怪了。我告诉你一个故事，才真正可以代表我们贵州人吃盐的方法。有一家人家，父子三个一桌吃饭。父亲把一块盐高高的挂在桌子当中。对他的两个儿子说道，'你们觉得淡的时候，吃三口饭，看一看盐，就可以过瘾了，不必吃盐。'等了一会，他的大儿子叫道，'父亲，弟弟吃一口，就看一看盐！' '你听他去罢。他不懂得事，等他咸死！"

我听了这个故事以后，只好向他苦笑道！"谢谢上帝！我没有生在你们贵州！"

贵州的土著民族

我读了戴维士（Davig）的《云南》，就知道云南有很多的土著民族，语言，风俗，人种都不一样。但是在云南境内大路附近并没有机会遇见他们。只有从昆明去游西山，看见背行李上山的都是女人，同我同游的一位项先生告诉我这都是猓猓。但是她们穿的是青布裤褂，与汉人的男子装束一样，我当时也没有十分注意。

到了贵州境内，走的是雍正七年所改的新驿道。沿路上极其荒凉，从平彝县到郎岱，整整的七天，方才遇见城池。除去驿站以外，只看见十几家的小村落，而且都是汉人。一直等到我从郎岱经过坡贡到黄果树，新驿道与老驿道会合向安顺，方才看见贵州的土著。

西南几省乡村里买卖东西都很不容易：一个比较大点的地方都有一定的日期，把四围的农民聚在一齐，交换必需的用品，在云南叫作"赶街子"，在贵州叫作"赶场子"，在广西叫作"赶墟"。这种日期都是一个月里的一，四，七；二，五，八；三，六，九等日。但是普通都是用干支计算，某地方是逢龙日赶场；相距不远的地方或是逢猪，逢狗，逢马，逢羊等日赶场，以免得冲突。许多

第四编　游记

村子，都是以它赶场那一天的干支命名，所以云南有许多龙街，马街，羊街，鸡街，贵州有许多龙场，马场，羊场，鸡场。王守仁做驿丞的龙场，就是从贵州到四川大路上逢龙赶场的一个村子（现在的修文县）。

这种风气恐怕是西南土著民族所原有的，因为至今他们计算日子，还是完全用干支。我到黄果树的那一天，恰巧逢着赶场子。我赶紧叫人去买肉，因为不赶场子，当然不能宰猪的。我自己也到场上去玩玩，当时就看见许多奇装异服的女人引起我的注意。第一种是穿百褶长裙子的，头上戴一顶凉帽，上身穿一件大袖子的短袄，束在裙子里面，但是也用纽扣扣着。衣料是一种蓝底白花的棉布，脚下都赤着脚穿草鞋。饭店的人告诉我这是狆家子。我看她们衣服虽然多半是旧的，但是洗得很干净，皮肤也生得很白，身材在一百五十二三公寸左右，行动很活泼，很给我一种好的印象。第二种是穿长领袄子的。衣服没有扣子，用一根带子束在腰间。裙子很短，腿上束得有裹腿布，头上盘有缠头。脚底下都是光脚，不穿草鞋。所有的衣服，裙子，缠头，裹腿一律都是青的。有的是棉布，有的是一种粗麻。衣服都是旧的，而且很不干净。身材比狆家子要低二寸多，皮肤也比较的黑些。相形之下，远不及狆家的入眼。这是所谓青苗。第三种人的装束格式与第二种大致相同。身材皮肤也差不多，但是浑身上下，穿着的都是红白二色相间的花布，连裹腿都是如此。这是所谓花苗。他们买卖交易，都用汉话，对自己人则仍各说各的土话。

当日我只带得有一副一镑钱买来的旧照相机，随便照了几张照相。但是这第一次与西南土著民的接触，很引起了我对于人种学的兴起。

从安顺到贵阳，偶然还看见狆家，苗子却没有再遇见。从贵阳向东，一过贵定，又差不多天天遇见苗家，尤其是青苗。在黄平附近几乎全是青苗的世界。他们的装束，与我在黄果树所见的一样，不过衣服比较的整齐，而且往往带上许多银的首饰：镯子环子之外还有一种八两到十两的大银圈，带在颈项上。据我的观察，苗家的老巢在贵州的东部和湖南的西部。从贵阳向西，虽然一直到云南的西南，四川的东南，都有苗家的踪迹，似乎都是近代的移民。从昆明到贵阳的大路，又是狆家和猓猡的分界线。大路以南都是狆家的势力——东连到广西的猺人，西连到云南的摆夷，都是一种。大路以北都是猓猡的势力。大定一府原是明朝水西安氏的土地，所以沿路的地名，如普安，安平，安顺，安南都有"安"字。至今安氏还是猓猡的大族。

在黄果树的场上我看见每人左边腰间都插着一个一尺多长的木壳子。我初起以为这一定是野蛮人带的刀，但是又没有刀把子。向他们拿出来一看，原来都是秤银子的小天秤。我很奇怪在"人无三两银"的地方。何以人人都要带着这件东西。等了一会，看见他们拿出来用，所秤的原来不是银子，是铜的制钱！在贵州西部一带，用制钱都不用数而论几斤几两，给用银子一样！

一千五百里的水路——从镇远到常德——沅水与沅江
我于宣统三年六月廿九日到了镇远。从昆明到湖南，湖北的旅客从此改坐民船，顺沅江向东到常德。我的旅费原是我的朋友李祖鸿供给我的，数目本来不多。走到镇远，所余已经无几。自己雇船费用太大，预算恐怕不能到家。幸亏我有一个同乡的前辈，在云南做普洱府知府，也走这条路回籍。他带得有家眷，本来要雇船。在昆明约定我到镇远等他，搭他的船同走。所以一直到七月六日方才由镇远动身。

镇远是沅江上游沅水的航路终点。贵州东部的商业集中于此。号称有四千户，实际不足二千。街市分布在沅水的两岸，北岸是县城，南岸是卫城。所谓"城"并无连接的城墙，因为县治的北面紧接着石屏山的南坡，卫城又在五老山的北麓。向东两山合拢来，把沅水夹在中间，所以南，北，东三面都用不着城墙。惟有西边向文德关的路有一道短墙，从石屏山到江边；东南角五老山中断的地方，有个关隘，通清溪县。城的东面，沅水之上，有一道很大的石桥；长九十多公尺，宽七公尺，高出水面十几公尺。桥有五个大孔，桥中间有一个十几公尺高的宝塔，是贵州很少见的建筑。

沅水又名镇阳江，是沅江的支流。从贵州下湖南的水路，从镇远向东北经过清溪玉屏两县，入湖南境内的大鱼塘。由此向东，经过晃州到沅州。过了沅州，江先向东北，再向东到榆树湾，转而向南到黔阳县，与沅江的正流会合，绕了一个极大的湾子。过了黔阳，沅江先向东到洪江，再转向东北，正北经江口向西北到辰溪县，再向北到泸溪。过了泸溪，江有时向东北，有时向东，曲折的经过桃源到常德。沿途重要地点的距离如下：

地名	距镇远里数	各地间里数	地名	距镇远里数	各地间里数
清溪	九〇	九〇	洪江	六五〇	九〇
玉屏	一四〇	五〇	辰溪	九一〇	二六〇
大鱼塘	一八五	四五	泸溪	一，〇〇〇	九〇
晃州	二三〇	四五	辰州	一，〇八〇	八〇
沅州	三八〇	一五〇	桃源	一，四三〇	三五〇
黔阳	五六〇	一八〇	常德	一，五二〇	九〇

　　从镇远到常德一共一千五百多里路，我八天就走到了。这是因为一来宣统三年夏天湘沅一带大水，二来因为河身的坡度很陡，所以河流很急。我当日从镇远到洪江所测的高度（以出海面公尺计算）如下：

镇远	五〇七	清溪	四五五	玉屏	三六五	晃州	二七〇
沅州	二四〇	黔阳	二〇〇	洪江	一八〇		

　　看上列的表，从镇远到洪江，六百五十里路，水面低下三百二十七公尺，平均约每二里低一公尺。扬子江从重庆到宜昌一千里路，重庆出海面二三八公尺，宜昌出海面九十二公尺，平均每七里才低一公尺。所以沅江的坡度比扬子江上游要陡三倍有余。不过因为水小，江流反不若扬子江的急。据我的估计，沅江夏天的水流速度平均在每小时十里左右。下水的船每天要走一百七八十里。若是

上水，所需的时间在三倍以上，从常德到镇远至少要走二十四天。

沅水，沅江都是急流浅水而且多滩的山溪。从镇远到常德，可以就水的深浅，滩的性质，和山谷的形势，分作三段，第一是从镇远到黔阳的五百四十里，这是沅水的本身；第二是从黔阳到桃源的八百七十里，这是沅江；第三是桃源到常德的九十里，名虽仍为沅江实际上桃源以下，已经到了洞庭湖的淤地。

第一段在贵州境内的一部分，河身都在石山里面；江面最宽的地方不到四十公尺，狭的地方不过十七八公尺；水深的地方不到三公尺（如清溪附近），浅的不过一公尺（如镇远）。沿路滩很多：从镇远到大鱼塘，我数得有大小十八个滩；其中如镇远大桥以下的高花滩，蕉溪与镇远之间的三门滩，枚滩，都是比较大的。清溪以西，两岸的山比较的高。如镇远东边的高花滩，清溪以西的铜鼓浪鸡鸣关，都是绝壁。如蕉溪，如田铺都是比较的大村子，附近江边稍有水田。从清溪向玉屏，水田更多一点，但是在玉屏城西三四里仍然有一段石岩绝壁。从玉屏东向北入湖南境内，山谷渐渐开展，一直到晃州，南岸大部分是土山，山上往往有树木，滩也比较的少，江面之宽窄，水的深浅，与在贵州境内差不多。

一过了晃州，江右岸是一百公尺以上的山，左岸的山较低，山中间都有水田。江面在三十五十公尺之间，水深在一公尺半以上。如是一直到晃州以下廿八里的曹家溪，都没有滩。一过了曹家溪，一直到便水村，三十六里，两岸都是高山，中间有两个大滩，刺滩和黄后滩，尤其是刺滩有危险的名；江的右岸有许多石礁，把江水束狭到十五多公尺，滩长不过十六公尺，而水平差一公尺有余，所以极其难走。从便水到白马铺，两岸山渐低，水田较多，但是仍然有滩。从白马铺到沅州有好几个大滩：如沈家滩，山鹅滩，大关东滩都是上下行船危险的地点。

沅州是沅水边一块比较大的平地，县城在江左岸，江上架了有一座十五孔的石桥。城的东关都是水田。从此江向东北，两岸都是小山，河谷开展，水田很多。离公坪村不远的地方，江转向东，一直到榆树湾，左岸离大山较远，江边仍有水田。从榆树湾起，江转向正南到黔阳，沿途只有在鸭嘴岩附近，江左岸有高山，此外，两岸都是低丘。江面在沅州约五十米突，到榆树湾只有三十米突。沅州黔阳之间，滩比较的少，水流也不很急。在黔阳城两，㵲水的正源从西面来会。㵲水的颜色是红黄的。沅水是清的，所以沅水又叫作清水江。两条水会合的地方，清水与混水合流，界限起初看得很明白；一直到城南，方才完全混合。

第二段是沅江的正流。沅，㵲二水在黔阳会合，向东南九十里到洪江。两岸都是高山，水流很急。我一点四十分从黔阳开船，四点十分就到了洪江——两点半钟走了九十里路！㵲水在黔阳江面不过一百二十公尺，合流后的沅水，江面在二百公尺以上。沅水深过二公尺以上的地方很不多，浅的地方只有一公尺，所以只能通吃水二尺的小船。黔阳以下，吃水三尺以上的船可以畅行。江面既然

第四编 游记

加宽，江中常常有沙洲，附近有滩。黔阳，洪江间大小有二十多个滩，其中有名的是鹭鸶滩，莲洲滩和狮子滩。

洪江是湖南有名的镇市。街道从沅江右岸向东，再沿巫水（又名竹舟江）的左岸向南，长不下十里。所有湘西的商业都在此地集中。巫水从南来，与沅江合。江面在四百公尺以上。从此向东北，两岸山都不很高，一直到洪江以下六十里的黄丝洞，江转向北流，才又遇见高山。黄丝洞在江的右岸，对岸山上有一个庙，过了庙，江流入峡谷，四十多里路，一直向北到铜湾市，方才出峡。铜湾市以下到江口，两岸仍然是高山，但是山谷较宽，两岸有水田，江口在沅江的右岸，小江从溆浦县来会。从此转向西北到辰溪，江面放宽，两岸依旧是高山，将到辰溪，地形忽然一变，江两岸都是很低的丘陵，中间都是水田。从洪江到辰溪二百六十里大部分在高山中走，是沅江风景最好的地方。沿途有许多沙洲，洲边往往有滩。最有名是岩门，淇滩，斜滩，潢滩，龙虎滩。

辰溪县在沅江的右岸，辰水从南来会。沅江转向正北。从辰溪二十里到浦市，江面宽二百至四百公尺，左岸差不多是平地，右岸都有断续的低山。浦市在江的左岸，是一个极大的镇市；居民在一万左右，比辰溪县城还大。从此向北再二十里，江又入山，江面也渐狭。从麻溪到泸溪县四十九里中，如小曲湾，红岩，岩角都是峭壁，江面以三百多公尺，缩为六十公尺。红岩附近出锑矿。从辰溪到泸溪的九十里路，中间很少有滩，但是沙洲颇多。如浦市上流的康公洲长在五里左右，泸溪上流的武口洲也有二里多长。

泸溪在沅江的左岸，武水从西来会。江面在四百公尺以上。从此沅江折而向东，两岸都有山，左岸约在三百公尺以上。离泸溪五里的大龙溪附近，江边都是峭壁。江面宽不过一百多公尺，再向东北，山渐渐低，江面开展到二三百公尺。过离泸四十里的荔溪口，两岸只有二，三十公尺的小山。一直到辰州，地形没有变动。

辰州在沅江的北岸。酉水从西北来，在城西与沅江会。酉水可以小船，所以辰州的市面总算繁盛，人口在一万以上从此曲折或向东或自北，经过横石，北溶，朱红溪，大宴溪，麻衣洑到柳林汊，二百多里路，都是峡谷：江面宽一百五十公尺到二百多公尺，水深平均三公尺。从柳林汊十八里到界首，山势渐低。从界首向东北，再折向东南，经过夷望溪到新湘溪，沅江渐渐脱离山地；从新乡溪经白马渡到桃源，六十里路，完全在红砂岩的盆地里面，江面展宽到四百公尺左右，这是洞庭湖地与湘西山地的过渡地形。

从泸溪到桃源，沿路的滩很多，如泸溪以下二十里的丑溪滩，辰州以上二十里的酒杯滩，辰州以下五里的柏叶滩，横石以下的杨家滩，朱红溪以下的碨滩，以及界首以上的瓮子滩，夷望溪与白马渡之间的沙梦滩，毛药寺滩，沈滩，都是航路的障碍。以上所举的滩，都是沙洲所成。沙洲大的有四五里长，小的也有几十公尺。这种沙洲不但使河身忽然增高，水要经过高地，再向低处下流，而且洲与岸之间，江面较狭，水流更急。这种滩的性质，根本与

第四编 游记

黔阳以上的石礁所成的滩不同。但是沅江正流中也有几处石礁，而且所成的滩，比任何滩都要危险。这种石礁都在大宴溪以下，到缆子湾的十几里之中。这一段江，中间有许多长的石礁，顺着江岸排列，船往往须在两条石礁之间穿过，所以比普通横的石礁尤其困难。从大宴溪向东，有清浪滩洞庭溪，雷迥，五汊等滩，都是这种长石礁所成。

这种滩的危险，是我亲眼看见的。从镇远向东，我总是在船头上观察。每逢过滩，也是如此。起初船一到滩里，两边都是浪花，也觉有点可怕，以后看得惯了，也就不以为奇。船过了大宴溪，没有几里，就是清浪滩。有一只船在我们前面走，相距不过几丈，它快要过完滩的时候，我们刚进滩。忽然看见前面的船向右一侧船顶上放的一只鸟笼子先掉下水去，跟着就是一顶轿子，船头两个船夫，在右边的一个也摔了下去。只听见船舱里的妇女放声大哭起来。这一共不过几秒钟的功夫。幸亏掌舵的死命的把船一攀，船没有完全翻过来，先冲到浅水的沙滩上。掉下水的船夫也没有死，只不见了鸟笼子和轿子。当前面船要翻的时候，我只看见我们的船夫，脸都吓青了，手只是抖。寻常过滩，前后的船夫，往往唱和相应，壮自己的胆，到这时候，一切喊叫都停了，鸦雀无声。一等我们自己的船也出了滩，船老板到舱里面，向我的那位同乡大叩其头，口里只是说，"大人！恭喜！托大人的福，大家都有了命！"我问他道，"前边的船要是翻了，我们有什么危险？"他说，"老爷！你真正不明白！滩中间船可以走的路没有多宽。前面的船若是翻了，把我们的路塞住，我们的船也得要翻。"不几分钟到了伏波庙。船夫买了许多爆竹在船头上放，又带了香烛，上左岸山顶上庙里去叩头谢神。

第三段是从桃源到常德。桃源城在沅江的左岸，人口大约在二万以上。沅江的左岸到此完全是平地，右岸则还有二三十公尺的小丘。这大概是古云梦泽的两南角。桃源出海面的高度我当时没有测。不过长沙出海面不过六十多公尺，常德大概不过七十几，桃源想起来总在八十与九十之间。所以桃源城比洞庭湖水面高不了好多，一发大水，就要被淹没。我走过的那一年（宣统三年）是空前的大水，全城都在水里，城外的宝塔只有三级在水上面！从桃源向北到陬市要经过艟舫洲鹭鸶洲等几个大洲。我经过的时候，大部分淹在水中。

陬市离桃源五十里，也被水淹了。由此向下，两岸没有山。沅江成一个四十里长S形的大湾子到常德。江面宽四百多公尺，边上有堤岸，有好几度被水冲破。许多灾民逃在没有冲坏的堤岸上住着。沿路只看见席篷子，和用绳子挂着晒的衣服。常德上游十里左右，还有一个娘娘滩，也是沙洲所成的。这是沅江最后的一个滩。

常德在沅江的北岸，是湘西第一个大城；人口有五六万。城是东西长而南北短，所以东，西，下南，上南四个城门都靠着江边。那一年所遭的水患，没有桃源那么厉害。但是从江边进城沿途都铺得一尺多高的木板，城门口有好几寸的水。听说上游有个石堤，还没有冲破，不然全城也都要淹在水里面了。

常德到长沙的小火轮——买办打破头，我混着一顿饱饭

　　凡有一件东西，我们自幼看惯的，或是用惯的，吃惯的，其实并不是真的好东西，只要隔了许多年不看见它，我们往往冥想它的好处，忘却它有什么缺点。给我同船的这位同乡前辈是一个老进士。在刑部守了十几年，才放了云南的普洱府知府。这是一个极苦的缺。做了三年，也没有剩几多钱。他年纪老了，就告老回家。他自奉极俭，只有一位乱头粗服的如夫人伺候他，连好好的听差都没有用。一到了常德，他头一件事是叫人买西瓜。他对我说道，"我四年没有尝着西瓜味了。一到湖南境内，我就想吃它。无奈因为大水，沿途买不出瓜来。常德是个大码头，一定要多买几个来吃一顿。"等到买了来，瓜又生又小，一股子淡水气，但他一口气吃了两个，还觉得不过瘾。后来了汉口，买到了好瓜，他一天吃好几个，路上就得了病。到家没有几天，就死了。

　　我当日对于小火轮的观念，也是如此。我未出国以前，到江南几次，都坐过小火轮。出国以后，八年没有看见过这种东西，把它的真相都忘记了。从云南到常德三千里路，以五月廿九日起，一直到七月十三日方才到常德。旱路虽然不很舒服，水路却很方便，而且一天走二百里，不能说不快。但是我心里存了一个成见，以为到了常德，有小火轮坐了，当然不肯再坐民船。所以我的同乡坐原船过洞庭湖到汉口，我却决定坐小火轮到长沙。

　　我向船家打听买票的地方。他说在岸上"洋棚"里买——"洋棚"是沿长江一带普通的名词。凡内地轮船码头办事的地方，都叫作"洋棚"。我一上岸就看见戴生昌的招牌。我隐约记得，我们家乡也有戴生昌的小火轮，高高兴兴的去买票。"我要买一张官舱票，一张统舱票到长沙。一共多少钱？"我问那一位年轻的管事。他把我从头到脚，看了两眼，一点不迟疑的答道，"官舱十块，统舱三块。"我有一点不信，再问他道，"没有扣头吗？""先生你不知道，我们戴生昌的船是有名的。官舱是一人一间，极其讲究。饭食是一天三顿，每顿是两荤，两素，一个汤，大白米饭，所以比别家都贵点"。我很满意，当时就给了他十三块钱，换了两张船票。

我一面叫跟我的姓陈的护兵，早点押行李上船，一面自己进城到邮局发信。到了邮政局，看见柜台上贴得有布告，出售上年的邮务报告。我就要买一本。柜上的司事上楼去拿。好一会才下来说"洋总办请你上楼说话"。上楼去一看，一个二十多岁黑头发，粽色眼睛的外国人坐在那里，外衣脱了，领结都没有穿。他用中国话问我道，"你会说外国话吗？""我刚从欧洲回来，会说几句。"我用法国话答他。他立刻从椅子上跳起来，紧紧握着我的手道，"你是我的乡亲！你是我的乡亲！我说常德哪里会有人要买邮务报告！"于是他拉我到他家里吃午饭，强迫我把假辫子去了，长衫脱了，开了一瓶香槟，亲手做了一壶咖啡，与我畅谈了两点钟，告诉我独身住在常德的痛苦："这是活地狱！活地狱！"他不断的对我说。

吃了饭以后，我的新朋友派了一个人领我上小火轮。我一面想今天要离开这"活地狱"了，一面想从此一路坐轮船到家，不必再愁下雨，或是过险滩，心里十分的高

第四编 游 记

·119·

兴。一到了船上，我才知道我仍旧进了活地狱！

　　所谓小火轮不过二十多吨。全船只有一个官舱。这是一个七尺长，六尺宽的小房，在买办的帐房后面。房里有两张木板床，丁头搁着。此外还有一张小木桌，一张高板凳。靠右面有一个没有玻璃的窗子。桌子板凳上都有很厚的油灰。许多苍蝇从窗子里飞了进来。七月天气，温度在九十以上，一进房衣服就汗透。我问那姓陈的护兵道："这怕不是官舱，你弄错了罢？""帐房说这就是官舱，而且船上没有第二间。"帐房里坐的那位买办也走了过来问道，"先生，你在那里买的票？""在你洋棚里买的。他们告诉我官舱一个人一间房，十块钱到长沙。怎么如此不堪！"那位买办哈哈的笑起来，"先生，他们拿你开心，你上了当了！官舱只有这一间，而且是两个铺。到长沙寻常卖三块钱，有交情还可以打八扣。"我大怒道，"岂有此理！我上去问他找钱去！""先生，你去也没有用。洋棚里的把戏就是这样，而且就要开船了。"正说着话的时候，又来了一个客人，要向我房里挤。我老实对他说道，"朋友，你不用进来。这个官舱是我化十块钱包下来了。"我又向那位买办说，"请你不要再卖官舱票了。我两个人已经花了十三块钱，抵四张票还多。虽然票是在洋棚里买的，究竟是你一家子。我不向你找钱已经是客气的了。要再叫一个人来给我同房，我可决不答应。"那买办看了我两眼，就向那个新来的客人说，"不再卖官舱票了，请你别处找地方去罢。"我们主仆两个就占据了这一间惟一的官舱。

等到开了船，我到船板上看看，四边堆的满满的货，没有地方走动，而且太阳晒的很厉害，只好仍然钻进房里去。照地图上看起来，一出常德，就应该进洞庭湖。哪知道船开了许久，也没有看见湖的影子。两边不是高堤，就是芦草。原来从常德到龙阳，虽说是入洞庭，其实在湖南面的小港里，然后转到资江，再经过临沅口到湘江，上溯到长沙，四百三十里路，都是在内河里走。于是我大失所望，懊悔没有直接从常德到汉口。

　　太阳没有落，茶房就来开饭，我才知道每天是开两顿饭不是三顿。开的饭是一碗白盐水汤，里面有几片豆腐，一碟子生成菜，一碟子辣子，一大碗红米饭，我才知道洋棚里人所谓两荤两素原来如此，菜我倒不注意，那一碗饭实在糙的不能下咽。我叫茶房给我换一碗白米饭来。他说，"先生，你不知道常德一带只出红米，船上就没有第二种饭。"

　　等到天黑了，睡觉也发生了问题。我从昆明出发到常德，一路上都睡在我从欧洲带回来的帆布床上。这天晚上，因为从木板床到船的顶篷不过四尺多高，木板床又是钉死了的，帆布床没法子支起来，只好睡在木板床上，我躺下没有几分钟，浑身觉得奇痒。点起灯来一看，满床都是臭虫。只好起来，坐在高板凳上看书。连我的那个到过西藏的护兵也咬得睡不着。停了一刻，板凳上也发现了臭虫。只好半坐半站，等到天明。

　　天大亮了，臭虫渐渐藏起来，我才勉强睡下。不到一点钟，正是迷迷糊糊的有一点睡着，忽然被嘈杂的人声闹醒了。只听得几百条嗓子，一齐喊着："慢慢的开！慢慢的开！开快了把堤冲坏了，我们要跟你拼命！"起来一看，堤岸上聚了无数农民，跟着轮船跑。那位买办也起来了。他立刻下命令开快轮冲了过去。但是一条长堤上，好几里路都是聚的人，他如何冲得过。"……妈妈！……奶奶！打！打！"大小的石头纷纷抛到船上来。我连忙退到我房里，一看床上已经有一块石头，大概从窗子里飞进来的。只好又走到买办的房里等着。同时两个茶房扶着"二买办"从船板上下到舱里来了。这位先生额角打破了一块，流得一脸的血。大买办急了，自己跑出去跪在船板上，向岸上叩头，一面说道，"诸位不要打，我叫他们开慢点就是了。"岸上的人喊道，"你不顾我们的命，我们就要你的命！"大买办叩起响头来，"诸位千万不要再打，我下次再不敢开快轮了！"于是小火轮先完全停了轮，然后用一点钟走五六里的速度，慢慢开去。

虽然那时候小火轮的速度还抵不上从镇远下来的民船的一半，我不知道为什么心里头觉得异常的痛快。回头来一看，那位二买办躺在床上，哼声不绝，头上的血把上身的衣服都染红了，却没有一个人理会他。我觉心中老大的不忍。我走了过去，对他说道，"我带得有刀创药，给你敷上点好不好？"他看了我一眼，回我道，"我不要！"我再诚恳的对他说道，"我不是郎中，给你上药，不要你的钱"。"啊！我不晓得先生肯做好事，请你快点给我上药罢。"于是我拿出我的药包来，先给他消毒，再敷上药，用纱布棉花扎好，足足忙了半点多钟，大买办和茶房都在旁边看着。

我上药还没在完，一个茶房已经来开早饭了。盘里装的仍然是一碗白盐水汤，一碟生成菜，一碟辣子，一大碗红米饭。大买办看见了，连忙拦着他说，"快拿回去！另外开饭。"不多一会，居然拿了两荤，两素，一碗汤，一大碗白米饭来。我饱吃了一顿。觉得二买办的头打破是很不冤枉的！

太行山里的旅行

太行山的东坡——所谓太行"八陉"之一的井陉

我于民国二年的二月到北京，做了工商部矿政司的地质科科长。我这一科里有一个佥事，两个科员，都不是学地质的。"科"是一个办公文的机关。我的一科根本没有公文可办。我屡次要求旅行，部里都说没有旅费。只有两次，应商人的请求，由请求人供给旅费，曾做过短期的调查。幸亏那时候北京大学因为地质门招不到学生，把京师大学原有的地质科停办。我就向北京大学把地质门原有的书籍仪器借了过来，由工商部开办了一个地质研究所，所以还不至于无事可做。同时我又把北京大学原有一位教授，德国人梭尔格，请了过来帮忙。民国二年秋天，南通张季直先生来做工商部总长，要实行他的棉铁政策，我才有机会同了梭尔格和矿政司的一个科员王锡宾先生同到山西调查正太铁路附近的煤铁矿。

梭尔格原是柏林大学的助教，在京师大学的地质科教

第四编 游记

了三年书。所有他的中国同事都说他脾气不好，而且根本看不起中国人。我和他谈了几次，看见他在西山的工作，觉得他是一位很可敬爱的学者，力排众议，请了他来。这一次和他旅行了四十多天，我很虚心的请教他，他也极热心的指导我，我们变成功极好的朋友。可见得外国的专门家不能与中国人合作，不一定是外国人的过失。

我们的第一个目的地是井陉，因为这是正太铁路附近太行山东坡很重要的煤田。中国旧书上所谓太行山原没有一定的定义。据《述征记》太行有八陉——两山之间的狭路谓之陉：一是轵关陉，在河南济源，二是太行陉，在河南沁阳，三是白陉，在河北磁县，四是滏口陉，在河北磁县，五是井陉，在河北获鹿，六是飞狐陉，在河北蔚县，七是蒲阴陉，在河北易县，八是军都陉，在河北昌平。由此看来，从黄河北岸起，一直到河北的昌平，都是太行山。但是实际上讲，太行山的范围似乎不应如是的广大，因为从河南的济源，沁阳，到河北的阜平，山脉是南北行的，这是所谓真正的太行山。从阜平起，山脉转向了东北，所以绕到北平的北面，再向东连到榆关，这一段地质的构造极其复杂，与太行本身不同。我的朋友翁咏霓先生把它叫作燕山。如是则八陉里面的军都陉（就是居庸关），飞狐陉，和蒲阴陉（就是紫荆关）都在燕山，而不在太行。其实所谓八陉，根本就没有道理。"八"这个数目，是中国地理上的一种迷信，起源于东，南，西，北和东北，西北，东南，西南，八个方向。所以说"大将军八面威风"。无论那一县的县志，都有本县的"八景"。只要臭水沟上有几块木板，就叫它为"板桥秋月"；一所破庙，就成就了"古寺钟声"。无论如何，四个字一景，总要凑成刻板式的"八景"。"八陉"的来历大概也不过如此。例如飞狐陉和蒲阴陉原只能算一陉；飞狐口是从蔚县入山的口子，蒲阴陉就是紫荆关，是出山到易州的口子，正如过居庸关的山，北面的山口在康庄，南面的口子在南口一样。现在却硬把它们分为两陉，来凑成八数。其他各陉除去军都陉是居庸关通宣化的大路，井陉是河北通山西的大路，太行陉是从山西上党经天井关通沁阳的大路之外，都不重要。太行山里与轵关，白陉，滏口同等的小路不止十数，而从阜平向五台的龙泉关，向恒山的倒马关却反不在八陉之列，可见得八陉是根本没有意义的了。

若是我们把军都陉割在燕山里面，则穿过太行山的路没有那条有井陉重要，因为它是太行山里惟一可以走大车的路；此外各陉只通驮马。普通北方的马，走山路只能驮二百多斤；一个大车总可以装一千几百斤，所以能通车的路，在运输上的价值，决非不能通车的路所能比拟。井陉能通车道，在汉初已经有记录。韩信出兵井陉，郦食其说他"车不能方轨"。足见车是可以通的，不过不能"方轨"而已。山道的重要全看它能通车与否，不但太行山里如此，燕山里也是如此。横贯燕山的路不止十数（如民国十三年奉直战争出名的九门口，冷口都是例），然而大家所知道的，只有山海关，喜峰口，古北口，居庸关四条道，因为只有这四条道是可通大车的。这种路上的口子，中国地理书上叫做"险要"。其实既然能走车，当然是各路中最不险的地方，所以所谓险要，要则有之，险则未也。

井陉通山西的大路有两条，都经过井陉县城。一条路是走娘子关到阳泉，就是正太铁路的路线。从井陉县起向西，在乏驴岭有一个山洞。一条是走固关，石门，到平定，就是从前走大车的驿道。井陉县以东则只有一条路，都经过头泉到获鹿。从头泉到阳泉，或是从头泉到石门，都是太行山，距离差不多整整一百公里，娘子关和固关都正在山的中间。井陉县在头泉西三十五公里，离娘子关只有十七公里，与获鹿的平原已经隔了头泉以西岩峰附近的山。井陉煤田是太行山里面陷下去的一个盆地。南北长十五公里，东西宽二公里至五公里。盆地的中段最窄，地形也最高。这叫作凤凰岭，把煤田分作两部：北部大部分为德国人汉纳根所办的井陉矿务局所占领，总机关在冈头村，有十公里长的小铁路，与正太路的南河头车站联络。南部面积不到北部的三分之二。井陉县城就在它的中间。城西南二里有中国人自己办的半新式的正丰公司。

梭尔格是十一月十日离开北平的。我因为生病，一直到十一月十三日才到冈头。当时梭尔格已经到微水去调查。在矿上代理矿工程师的是一位学化学的戈尔登堡先生。他很佩服梭尔格，说："若是我们在中国的德国人都像他那样肯工作，那就为我们争气了！"他又问我，还有一个德国人，在北京大学教矿物，认识不认识。我告诉他，这位先生听说我请了梭尔格，就来自荐，说刚从井陉工作回来。但是我看他拿来的一张井陉煤田地质图，好像是用李希荷芬的旧图放大的，所以没有理他。戈尔登堡先生拍着桌子叫道："丁先生！你的眼力不差！我们因为北京大学地质科停办，这位同乡失了业，请他到这里来工作，预备给他找一个位置，哪知道他到矿三个星期，一天也不肯出去。末后又偷偷的找了土娼到这里来胡闹。我没有法子，只好请他走了。临走的时候，我看见他把李希荷芬的旧图放大，正不知道他有何用处，原来他是拿去骗你。"我于是又知道所谓外国的专家，不是可以随便乱请的。

我在关头住了三天，天天同梭尔格出去研究，得了许多新知识，然后决定调查的方法和计划：梭尔格担任调查凤凰岭以北，我调查凤凰岭以南。我从十一月十七日起，到二十五日止，赞了九天工夫，从把南部的地形和地质调查明白，于二十六日会同梭尔格由井陉步行到娘子关。井陉城附近的山最有登临的价值的是距城西南二里的雪花山。山比县城高不过一百公尺，但是因为四面是平地，望的很远：西北全是石灰岩的大山，紧逼煤田盆地的西边。东南大山较远，但是煤田的东边离山根也不过二三公里。西南煤田到长生口就不见了，但是因为盆地向西南延长，一直到固关，地势都很低。东北是凤凰岭一道低山，把煤田隔做两段。煤田全是在平地，地上满是黄土。这平地之中，只有两个小山：一个就是雪花山，一个是县城东二公里半的东定山，与雪花山东西相对。棉水从乏驴岭东来，到县城成一个大湾子，环绕着县城东，西，南三面然后向北绕到东定山的北面向东北去。铁路在棉水的南岸，西向乏驴岭进山洞，东由东定山的南面向南洪口。城西南二里，铁路的南面，有一个宝塔，是一个很好的测量的目标。井陉的城不过一里半见穷。从山顶下望，房屋街市，看得清清楚楚。虽然隔了二十年，这一幅绝好的地图，还没有忘却！

这是我第一次在北方内地旅行。在冈头与梭尔格分手的时候，向他打听住宿问题。他说，"北方的'店'很方便，有店就行。"我到了井陉，因为要知道东面太行山里的情形，决定由井陉东南向南障城，再向北到南洪口向西到井陉。听说南障城是大地方，原来预备到那里过夜。但是一早上雪花山测量，下来已经过了十二点。再因为我没有经验，沿途工作很慢，走到离城十几里路的高家坡天已经黑了。沿路逢人打听，都说高家坡有店。到了村子里，好容易找到所谓惟一的店，门已经关上，打了半天门，才有人出来。他看见我的奇装异服，立刻说，"我这里没有地方。再走三里就有大店。"说着就要关门。我知道从高家坡到南障城十多里路，中间没有村子。一面把一只脚跨进门里，不准他关门，一面拿一块钱给他说，"我是好人，我先给钱。你不用怕。你不看我还有两头牲口吗？"店主人看见了现钱，口就软了。"钱不钱是小事。我这里实在没有地方。你不信，你自己进来看。"我进门一看，是一个一丈见方的小院子，朝南一个门，开了进去，一个通长的屋子，两边两排的长坑，西面一排坑的中间，有一个灶头。坑上面坐着睡着满满的人，地下满放着挑油的担子，绝对没有下脚的空隙。我只好请店主人去找村长。等了一会，回来说村长出门去了。正在无可奈何的时候，忽然看见院子西面有一间矮屋。推开门一看，满地都是草，屋顶上瓦也没有了。我叫人把东西搬了进去，才算有了住处。高家坡出海面一千多尺，十一月底，已经很冷。我十二点多钟的时候吃过一张半斤的饼。以后就没有喝过一口热水。到那时候真是饥寒交迫。只好把铺盖打开，钻进被窝里面等晚饭吃。赶牲口的走了进来说，"老爷！你倒睡了。没有草，没有料，连铡草的刀都没有一把，我的牲口怎么好？"我只好请了店主人来，说了许多好话，先给了钱，请他买点草料，再借了一把铡牛草的刀来，喂了牲口。到了第二天上了路，我只看见赶牲口的一面走，一面打盹。我问他道，"你昨晚上难道没有睡觉吗？"他回我道，"我的老爷！那一间屋子，已经睡了三十二个人。坑边上坐都坐不了。那里还能睡！我只好在油篓子中间蹲着过了一夜。"我才知道这种"望门投止"的办法，是不可为训的。

太行山以西——太原，平定，昔阳

我同梭尔格于十一月二十六日离开井陉，步行向娘子关。我们是完全沿了铁路线走，经过北溪南溪一直向上。因为路线是顺棉水向西的，所以比较的很平：从井陉到娘子关十七公里，不过上高了一百公尺。这大概是铁路走娘子关而不走固关的原故，因为固关虽是从前走大车的路，却比娘子关要高到一百多公尺，娘子关虽然不高，而从东边看去，却的确是一个关。棉水到此变成很窄的峡谷，河两边都是很陡的石壁，不过石壁不很高，几丈以上，又变为平台，慢慢的向两边的大山高了上去。离娘子关车站不

第四编 游记

·129·

远，河两边有很奇异的水凌石，完全是石灰岩凝结成功的，但是中间有无数的小管子。因为管子的口径很小，所以石头的下部放在水里，水就能自己从小管子里上升。北平，保定人家常常把它放在花盆里，石头上边只有少许的土就能够栽着小草或是小花。

二十六日夜间忽然下起大雪来，一直到二十七早上还没有停。我们于是变更计划，坐火车先到太原，向官厅接洽调查平定，昔阳一带煤铁矿的办法。我第一次看见阎伯川先生。那时候山西还没有模范省的名，但是他给我很好的印象。在太原住了两天。二十九日骑着马到西山去调查硫磺矿。矿是在煤层里面的页岩，没有什么价值，但是我们跑上了比太原城高四百公尺的山，望得很远，从太原到介休是一个很大的平原。太原已经到了这个大平原的北头；再向北就是黄土所成的低山。城东十里，城西二十里，都是四五百公尺高的石山；石山边上，都是黄土。但是我们看见东山边上的黄土比西山又多又厚，足见黄土是西北风吹得来的。

我在太原还得了一个教训。我十几岁在日本的时候，就到体育会去学骑马。教授站在场子中间，拿一根长绳子拴住马，再拿一根很长的鞭子，把马打了转圈子跑，初学的时，马跑得慢。以后逐渐的加快。等到练习了许多时，马跑快了也掉不下来，教授就叫你把脚蹬去了骑。再等几天，不但脚蹬去了，缰绳也得放下，两只手先交叉在前胸，再交叉在后背，单靠着两条腿夹住马背，我起初的时候进步的很快，但是到了把脚蹬去了时候，就常常要摔下来。等到把缰绳放下，一两分钟之内一定躺在地下。学来学去，一点进步没有，一失望就不再学了。到了欧洲，七年不骑马，从前所学的一点工夫，都忘记了。一直等到要回国来的那一年，为预备旅行，又到马术学校去上课。那里的教法没有日本的复杂：你骑上马，教员在旁边看住。先颤着小走，再颤着大走，再学奔驰。等到奔驰不至于容易摔下来，就教你打着马跳过一根离地二三尺的木杠。我学的成绩和从前一样，起初学的很快，但是到了奔驰的时候总免不了要摔几跤，一到跳木杠子，没有一回能够骑住！这一次调查完全是步行；只有在冈头的时候同梭尔格骑过一回马到北山去。中国马身段很小，比外国马容易骑得多，所以我放胆跑。梭尔格也很称赞我的马术。从太原到西山去的那一天，阎伯川叫人送了两匹马来，说是他衙门里最快的，特地借给我们骑。两匹之中有一匹更精神。梭尔格客气，把它让给我骑。那知道刚跨上去，它就飞奔起来。我赶紧把缰绳勒住，已经没有用，因为嚼口被马御着，随你勒它口不会痛。路上的薄雪结了很滑的冰，我身上背着有一千多块的仪器，一面怕马滑倒了，或是我摔了下来，一面怕它撞伤了人，所以虽然温度在零度以下十二度，我仍旧浑身是汗。幸亏它一直向将军署的马房里奔；到了那里，就不走了，这才换了一匹老实点马，再出城去。我受了这一次的教训，从此不敢卖弄我的马术，并且相信，一个人为天才所限，纵然积极训练，到了相当的程度以后，很难再向前进一步的。

　　我们于十一月三十日从太原到阳泉。这是正太铁路附近煤铁业的运输中心点。我们在保晋公司住了八天，把附近的地层次序，煤铁的价值，调查清楚，然后决定梭尔格担任测绘铁路以北的地质图，东到太行山边，西到寿阳，北到盂县。我担任测绘铁路以南，东到太行山边，西到煤系以上的地层，南到昔阳的南境。我于十二月九日离开阳泉，经过义井，南天门到平定。由平定西上冠山，经宋家庄，锁簧，谷头，立壁，东上到浮山。从浮山西南坡下来，经安阳岭，铺沟到昔阳。从昔阳南顺南河到柴岭，东南到蒙山，东北到凤凰山。然后北上风火岭，到张庄；再经马房，立壁，西郊，东沟，白羊墅，于十二月二十三日到阳泉。一共工作了两星期。我初次在北方过冬，御寒的衣具本来不完备，而这两星期中，早上出门的时候，温度平均在零度以下八度，最低的时候到零度以下十八度。上浮山遇见大雪，上蒙山遇见大风——在蒙山顶上十二点的时候，温度还在零度以下十度，所以很苦。但是这是我第一次在中国做测量地质图的工作，兴趣很好，回想起来，还是苦少乐多。

浮山和蒙山都是昔阳县境的名山。浮山上面有个大庙，修得很整齐。全山都是火山喷出的岩浆灰土，最上层有浮石，浮在水面不沉，所以叫作浮山。山在昔阳城东北十五公里，高出县城三百四十公尺。山虽不高，四面却望得很远。蒙山则是完全石灰岩所成，是太行山里的一个高峰。在昔阳城东南八公里，高出县城五百公尺。从这两个山测量，太行山西坡的地形和地质很容易明白。太行山全部虽是一条南北的山脉，山脉里的长岭却多是从北偏东向西偏南的方向。浮山本身就是这种长岭之一；从浮山向北偏东延长，到固关中断。从浮山向南，先看见的是建都河的峡谷，再过去就是蒙山的长岭，方向也和浮山一样。蒙山的东坡和南坡是凤居河的峡谷。建都，凤居这两条河在蒙山的东北会合向东，穿过太行山到平原，就是旧图上所谓沽水，在河北省平山县城北入滹沱河。凤居河以东，可以从蒙山看得见的还有两条长岭：一条叫鹅见山，离蒙山不过十公里，高也与蒙山差不多；一条是文山，都与凤居河平行，从东偏北向西偏南。文山在蒙山东南三十公里，高度至少在蒙山以上四五百公尺，出海面大约在二千公尺左右；是太行山里有数的高峰。

浮山和蒙山都到了太行的西边，但是距低地还有三公里至六公里。这一边的坡度很小，所以从西向东，路并不十分难走。坡脚就是出铁矿的岩石。再向西是一条南北的低地。从平定以北的义井起，到昔阳以南的柴岭止，长约四十余公里，宽约七八公里。在昔阳以北最宽。向南到柴岭，渐渐的变为南河的峡谷。所有重要的村落，城市和煤矿都在这低地之中。低地的面上大部分是黄土。因为有许多河沟，所以并不是个平原。不过河沟不深；岭与谷的高度，相差最多不过几十公尺。

从平定——昔阳的低地向西，是一个黄红砂石的高原，平均比低地高出二百公尺左右。高原上的山岭，都是比较硬一点的石层所成。从东望去，大部分都是接连的长岩，与太行山里有石灰岩高峰的长岭完全不同。这种长岩全是自南向北。从浮山和蒙山所望得见最远的一条，在低地中心以西十五六公里，高出低地四五百公尺，大概就是高原最高的部分。高原与低地的分界是一条极其弯曲的南北线，和太行与低地的界线大不相同。因为高原的西坡，有许多河沟，向东流入低地；两条河沟之间，高原地伸一条东西长岭插入低地：在平定西南，南川河北岸的是冠山，南川河南，马房河北的是石钟山，马房河和北河之间的是药岭和风火岭。高原上面，树木极少，土地极瘠，差不多没有什么大的村落。只有与低地接触的东坡上，有很厚的黄土，被我们农民经营了几千年，造成功一级一级的平台，可以耕种。

山西的乡下人不但靠黄土吃饭，而且可以利用它住房子。黄土是风吹来的，里面没有层次。被水冲开，往往成陡壁。从这种陡壁边上，向里面挖一洞子。只要顶上挖成半圆形，如桥孔一样，不用一根梁或是柱子，不会倒塌。洞口可以安上门，门旁边还可以开窗子。黄土是不很传热的，所以屋子里是冬暖夏凉。这种土洞子，在河南，山西，陕西，甘肃黄土厚的地方，是很普遍的。通常叫作"窑"——《武家坡》上薛仁贵所回的窑，一定是指这种黄土洞子。北京的戏子不懂得，进窑的时候弯着腰，装着向地底下走的样子，就把它变成功煤窑的窑了。窑也并不是一定是穷人住的。我从平定上了冠山下来，住在宋家庄的地保家里，就是这种窑。里面墙壁刷得很干净，很大的一个暖炕，屋外空气的温度，在零度以下八度，屋里只有零度以上十二度。炕旁边放着一对磁县来的大青花瓶——这是北方乡下稍有资产的人结婚的时候必需的东西；瓶与平同声，取它平安的意思。住这种窑的人，最怕的是地震：因为黄土是松的。一径地震，整个儿会得塌下来。民国十三年甘肃大地震，死去的几十万人，大部分是葬在黄土窑里的。

太行山里的水道很值得令人注意。中国的传统地理学都把山脉当作大水的分水岭。太行山就可以证明这种说法与事实不符。唐河发源于浑源，经过倒马关到唐县；滹沱河发源于繁峙，经过榆枣关，卧右口到平山；漳河两源，一发源于昔阳，一发源于榆社，出了太行，才合流到磁县。这几条大水，都从山西穿过太行，流到河北。不但大水如此，就是小水，许多也是如此。在我所调查的区域以内，有两条比较大点的水：一是棉水，发源于寿阳，经过娘子关到井陉；一是沾水，发源于昔阳，经过杨庄口到平山；也都是穿过太行。从浮山和蒙山向西看，就知道这两水支流的复杂。平定昔阳是一个南北的低地，而且南高于北；西面一个高原，东面一条太行山。我们以为最天然的水流，应该是一条从南向北流的水，吸受东西高处的支流。那知事实上完全不然。所有这区域内的水，除去昔阳城南的南河之外，都发源于高原，从西向东，横穿过平定昔阳间的低地，直入太行山里，成功峡谷。最奇怪的是在平定以南的棉水的两条支流，南川河和马房河，都不从很松的黄土地流入棉水正流，却都向东流入太行西坡边上，在石岩上面，冲开一条南北的浅谷。可见得这些水道都与现在的地形有点冲突。研究这种水道的成因，是地文学上极有兴味的问题。

我们把太行山的东坡和西坡比较，就知道因为地形

第四编 游记

构造不同，发生了极重要经济的结果。太行山全体平均的高度不过一千一二百公尺，比西边的低地高不了四百公尺；所有煤层都保存在这低地中间。而且低地西面是个高原，地层很平，下面仍然有许多煤可采，煤层露在地面的区域，沿正太路是东西的：从榆次起，经过寿阳到阳泉，延长八十多公里；紧靠太行山西坡是南北的：从盂县起，经过平定，昔阳，和顺，辽县，到襄垣的南部，延长二百多公里；煤层既多且厚，是全国最大的煤田。东坡逼近平原：获鹿县出海面一百二十七公尺，比太行山平均要低九百公尺，所以从东向西坡度很陡。除去陷在半坡的井陉，河北省中部，没有煤田。一直要到高邑，内丘才有临城煤田，又与河南的武安煤田不相连接。武安煤田因为种种关系，煤质煤量都不甚佳。南部的磁县，安阳是河北，河南最好的煤矿，但是逼近平原，南北长而东西狭，煤量因之减少。不能与太行以西的煤田相比。一座太行山把它以西的大煤田和用煤多的华北平原隔断了，可算是中国地理上最不幸的事实。

有名无实的山西铁矿——新旧矿冶业的比较

平定昔阳的铁矿不容易用新法开采，所以没有多大的价值，已经是中国地质者所公认的事实。但是我偶然看见民国十七年武昌亚新地学社出版的《大中华民国分省图》里面山西幅的说明，仍旧有"铁矿煤矿甲于全球"的话。亚新地学社是中国研究旧式地理最有成绩的机关，而所见仍然如此，足见得这个问题还有普遍宣传的必要。

我民国二年到山西调查铁矿，抱了极大的希望。因为不但山西自古以出铁著名，而且德国人李希荷芬四十年前在山西旅行，极力宣传山西铁矿的丰富。我以为这一定是亚洲的罗伦（法国最大的铁矿）。等到我到了阳原，在正太铁路以北天天同梭尔格钻土法开采的铁矿洞子，没有看见有零点六公尺以上的矿床，而且一个矿井所能开采的范围极小：矿床不但厚薄不均，而且并不成功有规则的层次，我渐渐的悲观起来。从阳原向南调查铁路以南的地质，才晓得在阳原所见的已经是平定昔阳铁矿最好的一部分；越向南铁矿越少，越不规则：在平定境内，铁路以北有九百七十二座铁炉，铁路以南只有一百一十七座；在乐平境内只有十八座。我才觉悟平定一带的铁矿，在新式的矿冶业上，不能占任何的位置。

　　新旧式矿业的经济是根本不相同的，尤其是铁矿。煤挖出来，就可以烧。铁矿是石头，不炼成钢铁，没有丝毫的用处，而生铁是最不值钱的金属：一千六百多斤一吨的生铁，在国际市场的基本价值不过三十几块钱，而且不过是炼钢的原料。所以炼铁的炉子最小的经济单位是二百吨，建筑的成本就要好几百万。要使得这几百万资本能够逐年生利，而且可以逐年收回，必须要有极便宜极可靠的铁矿来供给炼铁厂使用。所以铁矿必须要成大片的，有规则的，开采极其容易的，方能算是"矿"。不然，就不过是一种矿物的标本。开采这种铁矿，也得有相当的设备，也需要几十万或一百万的资本。事先必须知道矿的成分，性质，数量，构造，然后可以决定施工的计划。平定一带的铁矿是零星的，是不规则的，是很薄的，是要开洞子的，与上面所讲的各种条件样样相反。土法开采铁矿是极简单的；三四人用几把锤子，钻子，凿一个几丈到十几丈的洞子；再有一个木头的手绞车，几根绳子，几个筐子，就可以开起矿来。矿质不好，可以用手来选择。在农闲的时候，人工本来是不值钱的；一个人只要能混一百几十个制钱，一天就可以过去。洞子里的矿挖完了，或是有了水了，不妨另找一个地方，把一套简单的家伙移了过去，重新打一个洞子。开炉房炼铁的是资本家了。不过他的固定资本，多则一千，少不过几百元。铁矿买了来，用人工打碎了，和上煤末子，装在一公尺长，零点一公尺口径的泥罐子里面，把二百到三百个泥罐子堆在无烟煤上，再用已经用过的废罐子四面砌起来，就成了一座炉子。开炉房的设备不过是几间房子，一个风箱，几把大铁棍子，钳子。一炉子所用的铁矿，不过一千五六百斤。再有二三千斤煤，几百个泥罐子，就可以开起炉来。铁矿价钱便宜，来源不断，则多开几炉。不然就少炼几炉，于他的事业不发生根本的影响。我们要了解这两种经济办法根本的不同，就知道为什么原故，山西的铁矿用土法采炼有很长久的历史，有相当的产量，而决不适宜于新式的铁业的了。

这种炼铁的方法，是山西所独有的。无论古今中外，炼铁都是用高的风炉。新式的用焦炭，旧式的用木炭：都是把燃料放在下面，铁矿和其他融解的原料堆在上面，然后拉风到炉子里面。从没有把铁矿放在泥罐子里，堆在无烟煤里焖出铁来的。这种发明大概是不得不利用无烟煤的结果。平定一带既缺乏木炭，又没有可以炼焦炭的烟煤。若不是发明了这种焖炉，根本就不能出铁。据民国二年县公署的调查，平定一千多座铁炉，一年能出生铁七万吨。这大概是各铁炉所能够生产的最大数目，不见得是每年真正的产额。假如真正的产额是三四万吨；山西的铁业至少有一千年以上的历史，则最近一千年单平定一处，就出产了三四千万吨生铁。我们不能不五体投地的佩服我们老祖宗的本领。但是就是平定真正能出七万吨一年，还不到新式的汉阳铁厂产额的半数！完全说不上与新式工业比较竞争。

　　而且山西的土法炼铁，还有几个基本的缺点：第一是浪费铁矿。平定一带的铁矿，平均一百斤矿，含铁四十多斤。但是用土法来炼，一百斤矿，只能炼出三十多斤生铁，而且所谓生铁，不能与普通的生铁比较，因为里面杂了很多的渣子。要炼成熟铁，先要把渣子去掉，而去渣子的时候，连带的又损失了许多铁。所以一百斤铁矿，原来含四十多斤铁，等到炼成熟铁，所得不过二十多斤——三分之一以上，都流到渣子里去了。假如在最近一千年，平定出了三千万吨生铁，我们的老祖宗至少把一千五百万吨的铁，销耗到无用的铁渣里去了。就土法而论，不能不说是暴殄天物。第二所炼成的铁，品质很坏。所谓"生铁"里面的渣子是不用说的了。此外每铁一百斤含磷二斤多，含硫磺零点三五斤。这种铁熔点很低，而质很脆，所以平定一带，铁的大宗的销路是倒锅；炼熟铁的比较很少，完全不适宜于炼钢。山西土法炼铁惟一的好处是价钱便宜：每一吨生铁市价不过十二元左右，不过世界普通市价的一半。但是这是二十年前的事。那

时候人工便宜，每一工人每日平均收入不过一百八十文制
钱，所以能够如此。到了现在，恐怕土法炼铁的成本，也随
工价而增加到两倍以上了。

　　根本讲起来，土法开矿——尤其是开煤矿——是与新
式矿业不能相容的。新式矿业第一是要有确定的矿区，在
这区以内，不准另有旁人开采。因为要如此开采的人才能
够知道本矿区之内有多少矿可采，要用多少资本来购置机
器，建筑房屋，布置井下的运输，通风的道路，泄水的方
法。计划成功的矿，所用的资本，与所储的矿量和所产的
吨数，都有一定的比例，可以预算。土法开矿则完全不是
这样一回事。开矿的人只要买或是租一块一亩或是几分的
地，就可以从这一点开洞子下去，向任何方向开采。地底
下根本没有界址。假如我的洞子旁边的地是旁人的，他就
可以开一个同样的洞子，向任何方向乱开。等到我们两个
洞子在地底下开通了，不是打一场架，就是各换一个方面
去挖，把开穿了的这一部分做一个中立地带。在这种办法
之下，没有计划的可能。我完全不能知道我可以采的矿共
有多少，能开几年。我的洞子里面的空气本来可以是很好
的，但是因为旁人穿到我的洞子里来，通风变了方向，灯
就会点不着。我的洞子本来是干的，但是因为旁洞子的水
流了进来，随时可以把我的矿淹没。为中国矿业前途计，
土法开矿绝对不能存在的。第一，它生产的能力太不成
话了。平定是我们第一个大煤田。据民国二年本地官厅
统计，平定县境内一共有煤窑三百六十座，昔阳县境内
有七十一座，然而这四百三十一个煤窑每年至多只能出

一百四十万吨，抵不上抚顺的五分之一，开滦的四分之一。何况所谓一百四十万吨，还不过是各煤窑生产的能力；实在生产的数目大概不足一百万吨。最大的煤田，用土法尽量开采，出产不过如此，足见产额与煤量完全不能相称的。第二，土法开矿绝对免不了暴殄天物。假如一个煤田有一百万吨煤，用新法开采，最少可以采得出八十多万吨，最多可以到九十五六万吨；残留在矿洞里永久采不出的煤成分很少。同样的煤田，用土法开采，最多可以采得出五十万吨；最少不过三十万吨，因为一个整个的煤田用土法挖烂了，处处都是废窑，每一座废窑里都是满的水，往往抽水的费用比存煤的价值还要大，要重新用新法开采，都不可能。况且土窑井底下又没有图。一旦洞口倒塌，谁也不知道地底下哪里有水。后来开采的人，无论如何小心，免不了要被老洞积水淹没几次的。中国近二十年来新式开煤矿的大小灾祸，损失在五百万以上，死人在一万左右，一半是这种积水所造成的。这种暴殄天物遗害子孙的土法，当然是不应该听它存在的。

土窑的情形如此，半新式的"机器窑"更是如此。我这一次所看见的中国人自办的"机器窑"有两处：一是井陉的正丰公司，二是平定的保晋公司。正丰公司深十三丈的矿井，砌得很是潦草。井上有几个锅炉，一副绞车，井下有抽水机，小铁轨，所以土人就叫它机器窑。但是公司并没有工程师，采矿也没有计划，井下边没有图。所用去的资本，公司人当日不肯实说。据我估计总在二十万元左右，但是每年只能出煤五六万吨。没有几年，这个井就废

第四编 游 记

掉了。保晋公司是光绪三十三年所创立的，实收的股本为
一百九十三万两银子。实际用在平定的，大约总在五十万
两以上。但是民国二年，它只有铁炉沟，燕子沟，老先生
沟，汉河沟，庄庄沟，五处机器窑，和贾地沟，段家碑，
后山沟三处土窑。所谓机器窑，完全与正丰公司一样：没
有工程师，没有计划，没有矿图。民国二年一共只出了
十一万吨煤。我们只要拿当年德国人办的井陉矿务局来一
比，就知道这种半新式的机器窑的不经济了。井陉矿务局
实际股本不过二十五万两银子。民国二年已经出煤十七万
多吨，不但如此，从民国二年到如今，保晋公司绝对的没
有改良，每年最多的时候出过二十二万吨。井陉矿务局则
出到六十万吨。正丰公司于民国七年改组，请了一个德国
工程师，完全用新法另开新井。到了十六年，也增加到
十六万吨。足见得土法与新法根本不能相容。完全用土法
还有就是成本便宜的好处。把土法放大，变成功半新式的
机器窑，如保晋正丰之类，所用的资本比新式矿还多，而
出产的能力与土窑一样；矿井不能永久，暴殄天物，遗害
后人，也与土窑一样。可见开矿的人以"中学为体，西学
为用"，一定与政治教育得同样的恶结果的。

云南个旧

个旧的地形与锡矿的分布

锡是中国的特产，发现很早，应用很广。自从有史以
前，钟鼎兵器所用的紫铜都是铜与锡的合金。到了近代，

日用器皿纯粹用锡做的更多：凡碗，壶，盆，锅，罐，盒在南方往往用锡。人死了以后还要烧锡箔。大概在十九世纪以前，世界上用锡最多的国家第一要算中国。到了二十世纪，全世界用锡的数量常常超过锡的产额，所以锡价逐次的提高，中国产锡的量也同时增加。最近二十年中最高的产额到一万吨左右，价值在一千六百万到二千万元之间，占世界产锡区的第三位，是中国金属矿产中最重要的出品。然而产锡的地点却是很少：全国出锡的县分只有湖南的宜章，江华，临武；广西的富川，贺县，河池，南丹，和云南的个旧；而其中个旧所产在九千吨以上，占全国产额百分之九十四五。

我于民国二年十二月底从山西回北京。第二天就奉到命令，派我到云南去调查矿产。当日蔡松坡刚从云南北来，交通部和中法实业银行新订了钦渝铁路的草约。松坡的意思要把这条路线经过云南的东部，再由贵州的西南部经广西到钦州。我的任务是调查假定在云南境内的钦渝路线附近的矿产。我回到家乡办完父亲的葬事：于民国三年二月二日离开上海，取道香港，安南，乘滇越铁路，于二月十三日再到昆明。我的任务是调查云南的东部。个旧在蒙自的西边，原不在我调查路线之内。但是我觉得到云南调查地质而不到个旧，未免太可惜了，所以决心在没有向东以前，先乘滇越铁路向南到个旧。

个旧在蒙自的西面六十里。滇越铁路原是要经过蒙自的，因为当时本地人反对，路线移向城东，车站在距蒙自十一公里多的碧虱寨。从昆明到个旧，先乘滇越铁路到碧虱寨，然后由碧虱寨经白沙冲到个旧，还有七十里的旱路。我于三年二月十八日离开昆明，十九日晚才到个旧。

碧虱寨的西面，蒙自的北面，是大屯海的湖地。从碧虱寨到个旧走湖的北面，从蒙自到个旧，走湖的南面：两条路在冲门口会合。西南的通称山涧叫做冲。冲门口向东都是平原，向西顺着白沙冲进山到营房，再转向西南，上到高出平原约四百公尺的分水岭，然后再向西，向南下到个旧。

个旧出海面一千六百八十公尺，比蒙自高三百五十公尺，是两山之间的一个峡谷。县北的水向南流，县南的水向北流，在县城北的落水洞会合流下地中。个旧在蒙自的正西；直线的距离不过四十里，因为大路要绕到北边白沙冲，所以要远二十里。两县之间是一条大山；紧靠着个旧城东的是老阴山，高出个旧约六百公尺；从蒙自向西十里的是九华山，最高的峰比蒙自要高到一千二百多公尺。这一道山宽约三十里，长约六十多里，北到白沙冲，南到红河。所有个旧的重要锡矿多在这条山脉之中，而且最好的矿都在山顶上。山的大部分是石灰岩所成，东西都是峭壁。山里面的谷都是干沟——因为石灰岩是漏水的。山顶是个高原。高原之上有许多圆锥形的尖峰，高下杂错，远看好像石头砌成的坟墓一样。

个旧西面也都是山地，但是和老阴山完全不同。紧靠着个旧的是老阳山，高不到三百公尺。山是泥板岩所成，风化了以后变作红黄色的土。所以从个旧向西到老阳山，一层一层都是台阶式的水田，而其中绝对的不生锡矿。从老阳山再向西，山势又高了起来，山脊险峻如刀口一般，但山岭蜿蜒连接，不成圆锥。山脉仍然是南北向，但是山中间都是有水的深谷。距个旧最近的是黄沙河，最远的是龙岔河，介于两河之间的是贾洒河。这三条水都向东南流入红河。除贾洒河谷之外，都是花岗岩，里面也没有锡矿。贾洒河的南北岸都有石灰岩，所成的山比花岗岩的山要高。贾洒河北，哨谷村的正北，是石灰岩所成的轿顶山，高出个旧约七百公尺。山的南坡也有锡矿。贾洒河西六方寨的西面有一座小的石灰岩山，叫做峡石龙。山的四围都是花岗岩。石灰岩里面也产锡矿。

从个旧向北是到建水县（临安府）的大路，比较的平坦，完全不产锡矿。向南是一道深沟，叫做老个旧冲。水发源于个旧以南十公里的龙潭头的北面。龙潭头北的分水岭高出于个旧不过一百多公尺。再南水向南流，经过卡房，田心，十余公里在斗母阁北边的落水洞流入地中。这叫作大沟，沟东是老阴山向南延长的余脉。卡房东南山里面的龙树脚是以前著名的银矿，有路可直通蒙自。沟西都是低山，不生锡矿，因为山里毫无出产，人烟极少，是个旧县境内最荒僻区域。从斗母阁向南五六公里就是红河。从龙潭头向南地势渐低：卡房与个旧高度相等，田心比卡房低三百多公尺。斗母阁比田心更低。在斗母阁南的山上望红河，是一条三百多公尺深的峡谷，水从西北流向东南，两岸都是石灰岩所成的峭壁。峭壁顶上都是圆锥形的尖山，成百成千，高下相间，是西南几省所独有的奇观。红河比个旧要低七百公尺，谷身极狭，空气不甚流通。不但谷底不宜于卫生，就是红河的西南岸，因为地势比东北岸较低，汉人都怕有瘴气，不敢居留。土人简单的叫红河为江；江西南为江外。江外所产的是米，甘蔗，槟榔，芦子，肉桂之类的热带植物，都经卡房或是卡房东南的龙树脚运街个旧蒙自出卖。江外与江北的交通，只是夷人与汉人赶冲子的时候，才有人来往。

个旧原是蒙自县的一个村落，蒙自在元朝才设县，明朝才置汉官，个旧矿厂的开发，大约在明朝的中叶。初开发的时候，只知道有银，不知道有锡。其时银厂最盛的地点，不在个旧，而在距个旧四十多里的龙树脚（原名龙树邑）。从龙树脚向东四十里有大路直到蒙自县成。至今龙树脚附近炼铅银留下来的渣子，到处皆是。直到康熙四十六年个旧才设银厂，乾隆以后才发现锡矿。相传道光中通海人赵天觉开办老厂的闵家老洞的锡矿，资本用完，没有见矿，一个人逃出个旧。走到宝华山，被工人追着，告诉他洞里已经发见富矿，方始回矿经营。以后发了财，捐款在宝华山修庙。后来开矿的人尊奉他为赵老祖公，把他配享庙中。足见道光年间锡矿还没有十分发达。开银矿的时代，重心在蒙自。等到锡矿发达，因为蒙自到矿厂交通不便，个旧才慢慢的成为中心。光绪十三年把临安府双水塘的同知移驻个旧，个旧才有官署。民国二年改厅为县，同时自滇越铁路于宣统三年通车，锡矿产额从四千多吨，增加到六千多吨，个旧遂变为云南最繁盛的都市。

当民国三年我到个旧的时候，全县的锡矿共有六十多处。就它们地理的分布可为六区。第一是老厂区。在个旧市的东南，是各厂中最古的矿，初开的是银矿，等到银价日低，锡价日涨，厂家都不采银而采锡。其中最有名的是黄茅山，老城门洞，花扎口，银洞，耗子厂，湾子等处。每处最盛时矿工在四千人以上。其他还有在东北的黑明槽蒙自庙，黄泥塘，白石岩冲；在东南的蜂子洞，大冲，头台坡；和在西南的木登洞，新寨等处。这九处每处不过几百工人。第二是金钗坡区，在老厂之南，卡房之东。滥泥凹，新山，白沙坡，鸡心络等处皆属于此区。第三是大沟区。卡房，田心，龙潭头，芭蕉箐，大花山，小花山等处都在大沟之中。第四是马落革区，在个旧的东北。民国三年，开办不久，矿工不过千人。近几年来，大为发达，号称新厂，与老厂对峙。第五是古山区，在老阴山的东坡，与蒙自平原相接。当日出产很少，至今也没有发达。第六是峡石龙区，在贾洒河，龙岔河之间，离个旧市西一百里，是各厂中最远的一区。峡石龙之外，还有斗岩，禄丰寨两处，也属于此区。以上六区所用的矿工在二万人以上，所以个旧是中国金属矿中惟一的大厂。

个旧的土法采矿冶金业

个旧每年产锡一千万到二千万元。在民国三年，其中百分之九十五以上都是用土法开采提炼。这是中国土法实业最发达的地方，所以它的详细办法很有纪录的价值。

个旧的矿业和任何其他的矿业根本不同：普通开矿最怕的是有水；抽水往往是开矿成本中重要的一笔账。个旧则最缺的是水。锡矿的大部分生在五六百公尺的高山上。

山是石灰岩所成，根本是漏水的。在开矿的地方，没有河，没有泉，没有井，而锡矿是一种生在红土里的细砂，非先把红土洗掉，不能提炼，所以个旧锡矿的产量常常看洗矿水的多少为定。普通洗矿全靠雨水。开矿的人在石灰岩的山上，用红土砌许多蓄水池。个旧的气候夏秋是雨期，冬春是旱期。旱期中无水可用，大家尽力的挖矿，并且把矿砂运到蓄水池不远的地方。五月以后，雨水来了，蓄水池有水可用，大家并力的洗矿。把红土洗净以后，矿砂才可以上炉提炼。因此洗矿时期不过五个月，产量上受相当的限制。

个旧厂通用的术语很多，这原是因为技术上的需要而自然发生的。但是有几个是根据迷信，譬如矿里的土叫作垗（含矿的土也叫作垗），石头叫作硖。因为土和石头都是没有矿的表示，所以应该避忌。垗是表示土里面和着矿，硖是表示石头里夹着矿，自然比土和石头吉利得多。矿叫做碘，大概是"矿"的讹字。开碘的地方都可以叫作厂。厂里的采作的地点叫做尖子，地面叫作草皮（其实开碘的地方都是寸草不生），地面上的石头叫作磷岗。开采的方法可分为三大种：一为硐尖，二为草皮，三为冲垗。

硐尖是顺着矿苗向石头山里打的硐子。这种硐子普通高不过五尺，宽不过三尺。偶然遇着意外的好矿——所谓结瓜的地方，因为矿脉普通是细而长的，好像瓜藤；偶然变宽变大，成为整块，就好像瓜藤中结的瓜一样——硐子才会得放大，不幸遇着贫矿，或是矿脉断了，要打石硐再找矿脉。因为节省工本起见，这种地方高不过三尺，宽不过二尺，一个人背着矿砂刚刚可以扒得过去，硐子是顺着矿脉打的，矿脉是极不规则的，所以硐子都是弯弯曲曲，上上下下，忽平忽斜，忽宽忽窄。平的地方叫作平推（推就是梯子的意思），斜的叫作斜推，陡的叫作陡推，直上直下的叫作吊井。开采的年代越久，硐子越深，路越难走。老尖之外，又有支尖。老尖的路叫做大窝路，支尖的路叫作岔窝路。开矿的工人往往要走很远的窝路，才到挖矿的地方。这叫尖子头。从硐尖口到尖子头近的一百多步，远的到四千步。凡硐尖的深浅，都是以步计，据我的估计，因为窝路极难走，一步平均不过一尺半左右。所以个旧的硐尖近的百几十尺，远的有六千尺——约三里左右。这大约是个旧土法开矿最远的限制，因为再远了没有法子通风，灯点不着，人也不能生存。在坚固的石头里面，窝路往往只有石顶石壁，否则用两根直立的，一根横架的木头做支柱。这叫做架欀。顶篷石质松软的地方，有时每一步架一欀；甚至于每一寸架一欀（叫做寸欀）。欀木的圆经不过二寸至三寸，但是往往用很坚固的栗木。个旧硐尖的矿几乎全是所谓土质的堁，很少有石矿，所以挖堁只用锬子，不必放炮。只有探矿（叫做冲尖子）或是硖石太多的时候方才用火药轰炸。

硐尖开在土质里面的叫作草皮硐。这种硐尖最深不过几百步，寿命不过几年；比不得石山里的硐尖有百几十年还没有废弃的。

草皮尖是露天开采。单挖成片的土堁叫作开明槽。堁夹在地面石缝里的叫作办磷岗（又写作办炼缸）。开草皮尖比开硐尖当然容易的多：不但露天开采，工作方便，而且一块地方的矿量多少，成分若干，都可以预先计算，不致于有意外的亏本；不比得开硐尖的人对于矿量矿质丝毫没有把握，所以个旧的草皮尖多于硐尖十几倍。然而草皮尖的堒含矿平均不得过千分之二，硐尖则在百分之三以上。最好的硐尖，有时能挖合矿百分之二十以上的堒。办矿的人立刻可以发财。但是有时几年挖不出堒来，办矿的人往往破产。因为硐尖的堒含矿成分很多，硐尖的产量在民国三年也占个旧产量全部的三分之一以上。

冲堒尖是草皮尖的变相。个旧附近山谷左右的土，大抵含有锡砂。但是办草皮尖的至少须有含矿千分之一的堒，才可以不致亏本，所以有许多含矿很少的草皮，不能成尖。这种贫矿可以利用天然的水力先来冲洗，所以叫做冲堒。冲堒的方法是拣一个有水的谷道，在它上游开许多大池吸收雨水，并且把四面含有矿砂的水引入其中。这叫做水路。水路下游开一条长沟，或是利用天然的冲谷。这叫作龙沟。龙沟短的几里，长的十几里不等，沟的尽头用石头砌三四道平行的石槽。这叫作坝塘。靠坝塘的上游开一条横沟，把旁谷的清水引入龙沟。这叫作兑水。没有下雨的时候，先挖许多堒，堆在龙沟的两旁。等到雨水期来，水路的蓄水池水满就把池里面的水放到龙沟里面，同时把龙沟两旁的堒推入沟中。这种含堒的浓水叫作堒水。堒水将到坝塘的时候，与兑水合流，细泥与所含的矿砂分离而上浮。水和细泥从坝塘的上面流了出去；矿砂分量较重，都沉在坝塘的底下。坝塘有三四道，最后的一道叫作滥渣。沉在滥渣坝塘表面的矿砂颗粒很细，成分已经不多。滥渣以下就完全是废水。坝塘前面又挖一个浅水池，把沉在坝塘底下的矿砂放到池里面冲洗。冲境人工最省，但是非有相当的地形水源不能利用，而且水少则境不多，水大则坝塘容易冲破，所以地利以外还要能得天时。民国三年只有大沟，卡房，老个旧冲，和白沙冲几处产净矿每年约三百多吨，不及个旧全厂产额千分之四。

无论用什么方法挖出来的墝都得用水淘洗。淘洗的地点叫作溜口，都在挖矿不远的地方。溜口附近开几个水塘。水塘上流开许多小沟，使得上流的雨水可以流入池中。这叫作水路，是开矿极重要的需要。因为如果没有水路，就没有水洗矿，无论尖子如何好，都没有用处，所以开矿的往往因为争水路而发生冲突。洗矿用槽。槽的种类很多，洗的手续也极其复杂。简单讲起来，槽有三种：第一是用砖头砌成长方形的砖槽。槽底是一个四十几度以上的斜面，长约一丈五尺，宽约一丈。第二是用石头砌成的平槽，长约七尺，宽约三尺。槽面是平的，前后用木板隔为两部，后部蓄水，前部贮矿。前部之前有一个圆的深坑，与前部相通。第三是斜面的陡槽。槽的大小不一：大的长一丈，宽六尺；小的长四五尺，宽二尺半。斜面则自三十度至六十度不等。洗矿的方法，看矿砂的成分和颗粒而定。大致各尖子挖出的粗墝先放在砖槽的斜面上。一个人浇水，两个人用木扒揉研。大块的墝（叫做大头）检出来，另外槌碎再洗。碎墝经揉洗以后轻的泥浆与较重的矿砂和杂质分离。流出的泥浆叫做出渣，留在斜面的不纯粹

第四编 游 记

的矿砂叫做槽腰，然后把槽腰放入平槽。一面由槽的后部放水，一面工人用板锄搅拌。粗质留在槽底，谓之闷砂；细质泥浆流入槽前的坑中，也叫做出渣。闷砂再上平槽，用木扒淘洗，谓之勒矿。所得矿砂成分已在六十分以上，谓之厂碄。凡砖槽平槽所流出的出渣，含矿还多。砖槽的出渣，再上砖槽或平槽揉揽，也成闷砂。平槽的出渣，颗粒较小，须上大陡槽（谓之瀑槽）用水淘洗（谓之汇）再上砖槽喷洗。所得之矿谓之喷碄。厂碄喷碄都用驴马驼到个旧，先用石碾磨细，再上平槽或小陡槽揽喷。等到成分在百分之七十左右，方可上炉。这叫作上炉碄。凡所谓揉，揽，勒，汇，喷都是术语，表示手续的不同。研究其原则，在砖槽里揉矿，是使粗壠里的大部分泥浆为矿砂分离。凡各种壠都须经此手续。平槽是用流水分别粗细：粗者留在槽中，细者流出槽外。所谓揽和勒不过是程度问题。但只可适用于粗矿。用陡槽汇喷完全是洗细砂（叫做冗碄），因为砂细了在平槽里面不能和泥浆分离；必须放在陡槽的斜面上，用少量的水慢慢的浇洗。凡用水洗矿都叫作溜，有一溜，二溜种种的名称。用砖槽平槽洗矿又叫作大水溜，用陡槽洗矿叫作小水溜。最后一溜所得的泥浆叫作尾首。尾首还含有少量的锡矿，可以卖给专洗尾首的人细细的淘洗。这种人往往兼办渣子，就是把以前开矿人已洗过的废砂从新淘洗。连尾首渣子都不肯放弃，很足以表现我们国民节俭的精神。

　　凡运到个旧的厂碄不必再洗就可以出卖。计算的方法，不以重量而以容积。容积的单位是升。十升为桶，十桶为石，三石为一槽。每升约重八斤到十二斤，看厂碛的成分而异。平均两石厂碛重约一公吨（一千六百八十斤）。

炼锡的炉子是土砖砌的。后墙直而前墙曲，所以炉身上部是半个漏斗的形式，上大而下小。后墙高七尺多，厚八寸，底下有二尺长的一条缝，缝上有一块横铁板支持墙腰。风箱管就安在缝里，四边用黄土封涂，不令透气。装风箱管不用圆洞而用长缝，因为如此可以把风管随意向上下移动，以应炉火的需要。前墙比后墙厚而低。底下也有一尺二寸的长缝，也用土封好，只在最下留一小孔。这是出锡的路。孔前有一砂池，砂就流入其中。不出锡的时候，风从后吹入，火从孔出，砂池温度很高，锡不能凝结。前后墙之间为炉身，矿砂和炭就装在里面。每炭两层，中间夹矿砂一层。每六小时，装砂八桶（约八百斤）用炭五百斤。上矿之后锡就陆续流入砂池。锡流完了，渣子方才流出。渣子流完，然后上矿。每三小时工人把沙池里的渣子去掉，取锡出池，倒在沙模里面，凝成锡片。每片重约五十斤，每五十片为一张。张是计算锡的单位，因为每锡五十片，课税一百二十二元，收税委员发税单一张，因此得名。出炉的渣子，含锡还多。又可以拿来碾洗。等到每渣百分含锡三十余分，再和矿砂搀合入炉。如是辗转炼洗，周而复始，所以从没有弃掉的渣子。又锡砂有硬软之分。硬砂要火力大，须用栗炭，软砂要火力小，须用水东瓜炭。砂在硬软之间则用松炭。或者用两三种炭混合上炉，叫作配炭，是土法炼锡最困难的技术。大约砂粒细则易熔，所以叫作软砂；砂粒粗则难化，所以叫作硬砂。火力过小则矿不能熔；火力过大则锡又养化成灰，所以必须配炭。

个旧锡务公司

许多人知道张之洞开办汉阳铁厂的笑话。前清光绪十五年（一八八九）提议建筑芦汉铁路（就是以后的京汉）的时候，张之洞做两广总督，他以为修铁路要用钢轨，制钢轨必先炼铁，提议在广东建筑铁厂，托驻英公使薛福成向英国厂家购买机器。英国人请他先把铁矿和焦炭标本寄了去化验并且把铁矿煤矿的矿量距离详细说明。张之洞生气的说道："中国这样大的地方，哪里没有好的煤矿铁矿？只要照英国通常用的机器买一份就好了。"于是英国人卖给他两个一百吨的化铁炉，一个八吨的硷法炼钢炉，两个八吨的酸法炼钢炉。机器没有到，张之洞已经调任到湖北。他就把他的钢铁厂带到湖北来。机器到了，他把它随便的装在汉阳，一面才赶紧找铁矿煤矿。幸亏盛宣怀把他所找到大冶铁矿献给他，铁矿问题方始解决。光绪二十年（一八九四）厂砌好了，要开炉了，没有焦炭，他向德国去买了几千吨来试炼！从光绪十六年起到二十二年止（一八九○——一八九六），他用去了一千一百二十几万两银子没有能炼出铁来。光绪二十三年（一八九七）盛宣怀接办，才找到萍乡煤矿。但是因为炼钢炉不合用，炼出的钢没有销处。资本又完了，没有法子，才向日本人开始借款三百万元。终久把大冶铁矿送给日本。

二十年以后，云南省政府组织个旧锡务公司，用新法炼锡。他们的办法和张之洞的差不多是一样！

　　个旧的锡矿原来是完全商办的；官家只晓得收税。到前清光绪十三年（一八八七）唐炯做云南矿务大臣，仿照东川铜矿的办法，在个旧设立矿务公司，把销到四川去的锡，作为公司的专利品，不准旁人承办。事实上当时大宗的锡都是由安南出口，很少运向四川，所以矿务公司并没有在个旧发生多大的影响。光绪二十九年（一九〇三），土匪周云祥在个旧作乱，矿务公司停办。第二年个旧大旱，没有水洗砂，许多矿商因之破产。省政府为救济矿商起见，由藩库拔银三十万两，合商本二十万两，组织一个官商公司，放款于办矿的人，但是公司自己并没办矿炼锡。光绪三十四年（一九〇八）滇越铁路通到蒙自，法国人有要求在蒙自设厂的传说。省政府于是提议由自己在个旧设厂，用新法炼锡。第二年把官商公司改组为个旧锡务公司，定资本为二百五十万元：官股一百万元，陆续收足，商股的一百五十万元则始终只收到七十六万。

　　当日主持公司事务的是一位候补道，人极其能干，但是完全不懂办厂采矿，所请工程师是礼和洋行所荐的德国人费劳禄。这位先生是学冶金的，并不懂得采矿，而且机器是向礼和洋行买的，他是礼和荐的；名义上是公司的雇员，事实上变为卖机器人的代表。所以当日公司并没有探得有可采的矿，也没有与土法采矿的人订有任何的合同，劈头就向德国买了七十二万元的机器。其中有两个二百五十马力锅炉，一个三百基罗华特的发动机，一个每天能洗四百吨的洗砂厂，六座用煤气炼锡的倒焰炉，还有八千公尺长的高线铁道。这些机器单运费关税两项费款二十四万元，装设费五十万元，再加上住房地基等等，共用去一百六十六万元，所以一吨锡没有出，公司的资本已经用得精光。

机器是民国二年装好的。洗砂厂每天可以洗砂四百吨，差不多可以把当日个旧全厂出产的砂洗完。但是砂从何来？土法开矿的人对于新法根本的怀疑，而且利害往往冲突，当然不愿意把砂送到新厂里来洗。况且土法的矿离新厂还远，地面又不集中，用什么方法把砂运到厂里来？公司所买的高线铁道，原是为运砂用的，但是运到个旧，公司并不知道安放在什么地方。当日公司的商股董事李文山原是用土法开矿的矿商。于是由他主张把高线铁道敷设到厂南边的南蛇洞。但是到民国三年止，南蛇洞并没有发见任何的矿苗。

不但如此，发动机锅炉和炼锡炉都是要用煤的。煤从何来？安南的煤是无烟的，不能适用。云南全省并没有一新式的煤矿。于是乎要烧锅炉，只好向滇越铁路附近土法开采的小煤矿随时收买，再用骡马从碧虱寨运到个旧，每一吨价在二十元以上，而且时有时无。炼锡是用煤气的，普通的烟煤不一定适宜于制造煤气。炼锡炉原来计划每十二小时可以出锡。因为煤气不好，试验的结果常常需三十小时。最后才发见阿迷州附近鸟格村的煤最为合用，但是到民国三年止，鸟格只有几个极简陋的土窑，煤层又很薄，煤量极少，一年都挖不出几百吨煤来。

于是花了一百七十万元所建筑的厂虽然成了功，而高线铁路无砂可运，洗砂厂无砂可洗，炼锡炉无锡可炼，无煤可烧。和张之洞办汉阳铁厂的历史可谓无独有偶。所不同者，锡是贵重金属，不比得铁是不值钱的，铁的价值在国际市场上不过三分钱一斤，锡则在一元以上。个旧是中国土法采冶最发达的地方，不比得汉阳。所以个旧锡务公司新式厂失败以后，就用土法来救济。本来个旧锡务公司是用官商公司来改组的。官商公司原是个放账的机关。锡务公司就继续做这种放账的事业。但是到民国三年止，放了出去收不回来的款子有六十万之多；其中的三十万就是公司董事李文山所欠。

民国三年的时候高线铁路和洗砂厂虽非完全没有用处，炼锡炉却有时可以开炉。砂的来路有两种。一是向用土法开矿的人买来的。个旧的习惯，开的人不一定自己炼锡；所出的砂往往卖给炉房。二是公司自己用土法开了几处草皮和硐尖。其中最重要的是在个旧市以北十里路的马落革。我在个旧的时候公司出锡一年不过八十吨，当然不能维持开支。但是不上几年马落革变为一个极旺盛的硐尖，一到最近这几年，居然每年出到一千吨锡。因此公司没有破产。民国九年请了一个美国工程师，把装在南蛇洞的高线铁路移到马落革来，所以民国十二年以后，马落革的矿可以用高线运到厂上，不必再用马驼。近来又开了一个二百尺深的直井，预备改良井下工程，但是煤的问题仍然没有解决。洗砂厂洗冗碌也没有十分成功。但比起汉冶萍的结局来总还算是差强人意的了。

在马落革的西南还有古山一区。民国三年的时候是由

·157·

第四编　游记

广东人所办的实兴公司开采。当时所办的都是草皮，成分很低，但是因古山在老阴山的西坡离蒙自不过三十里，交通很方便，所以工人很多。当日公司安置水管一万四千多尺，把大屯海的水引到古山。再用吸水机抽高一百八十尺，分配到洗塘的溜口。当日的水量每小时有六十吨，每年预计可得锡八十吨。近几年来，古山也归个旧锡务公司所有。草皮之外又有发现硐尖，将来或可变为马落革第二。

新旧矿冶业的比较

个旧锡务公司早年的失败与改革个旧的旧矿冶业有绝大的关系。当公司初成立时候，一班用土法的厂商虽然因为利害的关系不甚赞成，但是一方面怕官厅的势力，一方面对于新法莫测高深，也不敢公然反对。等到厂造成了，没有矿砂，也并没有看见公司的工程师能用新法探矿开矿，于是大家都以为个旧的锡矿，只能用土法开采。初次试验洗砂厂的时候，对于冗碘，成绩不佳，于是大家对于新法洗矿，也根本的怀疑。惟有新式炼锡炉完全成功。比较开通的炉户（凡炼锡采矿商人之通称），颇觉得新法炼锡比土法高明。但是因为旧有设备和利益韵关系不肯放弃旧业。而且锡务公司又因为煤的来源不可靠，常常停炉。停炉的时候自己也用土炉来炼锡，所以不能完全得到炉户的信用。

平心而论，个旧的矿冶业，的确可以算是土法的大成功。一点新式设备没有，硐尖能有几千尺远，距地面直下一千多尺深，当然不是很容易的事。在缺水的高原上面，能利用少量的水来洗很难洗净的冗矿，且工作不过半年，居然能维持八千吨上下的产额，当然是成功的表现。炼锡的手续很简单，出的粗锡平均含锡在百分之九十五以上，并不比新法所炼的粗锡坏。但是我们稍为研究，就知道这种成功，是有特别原因的。第一是锡矿生在石灰石的高山上。石灰石中间裂缝很多，是完全漏水的，所以开矿的人没有土法最怕的水患。因为同样的原因，上面的空气从天然裂缝流转地中，硐里面的通风并不困难。第二是锡砂的成分很高。各大硐尖的砂含锡平均在百分之五以上，以成分论，是最好的富矿。第三是锡矿是生在红土里。不但质很软，容易挖，容易碎，而且全部分养化的程度极高；普通习见的硫化矿物，完全养化，所以容易提炼。有这种好的天产和地利，而成就不过如此，实际上仍然没有能充分利用我们的富源。

第一讲炼锡。因为锡砂里面没有硫化物，所以很容易提炼。但是土法炼锡不加溶解料，所以矿砂一定要洗得极净，方可以上炉。用新式的炉子，加点白沙（矽氧）做溶解料，含锡百分之五十的砂就可以不必再洗。土法炉子所用的砂，含锡平均总在百分之五十五以上。又因为同样的原因，炉子的温度比较高的，流出的渣子里面含锡在百分之三十左右。不错，这种渣子，还是要辗，要洗，要再上炉，然而洗的最后那一次仍然有许多锡要流到废水里去。这还都不是土法的致命伤。土法所最不能存在的原因是它完全要用木炭。每炼锡一吨用炭在四千五百斤左右。以个旧每年产锡八千吨计算，每年需用木炭一万六七千吨。个

第四编　游记

·159·

旧附近没有一根树木。所用的木炭来路在百里以外。在民国三年土法炼锡每吨用款一百五六十元，锡务公司的新式炼炉，不用木炭而用煤，每吨用款不过一百元。当日据我的计算从民国三年起再有二十年必至无木炭可用。照最近我所得的材料，我的预计果然没有错误。民国三年一斤木炭平均价目是洋二分七厘。到民国十二年一斤要卖四分五厘。民国十七年涨到一角二分。炼锡的成本从民国三年的一百六十元涨到六百余元。大概不出五年，土法炼锡因为没有木炭，一定要完全淘汰了。

第二是洗砂。土法洗砂最少要洗六次，多则十几次。每次所用的人工极多，时间很长，极不经济。假如个旧所产的砂都集中到个旧锡务公司洗砂厂淘洗，则一次就可以洗完！不但如此，因为山上没有水所以非在雨期土法不能洗砂，一年之中不到半年可以工作。新法洗砂厂移砂就水，终年可以不停。即此一端就可以增加一倍以上的效能。

第三是采矿。个旧采矿的习惯与别处微有不同。办草皮的应向地主租地，每年不论出砂多少，应该付一定的租价。租价则看水路的宽狭而定，所以论槽而不论亩。每有可以洗一槽塘的水，再有相当的塘，办矿的人出租金三四百元不等。办硐尖的人也要纳租于地主（叫做抽收），但是以所得的矿砂为标准：普通硐尖所得的砂百分之三到百分之六为地主的租价，不得矿砂则不完租。所以无论是草皮或是硐尖，地主的租价是开矿的人一笔重要的担负。而其实开矿的地方本来是寸草不生，并没有经济上的价值。地主不但有取租的权利，而且有在硐子里挖塘的权利，叫作开还尖。硐的主权是开尖子人的。他可以允许旁人在他的硐子开分尖，叫作子尖。子尖出矿硐主也有抽收和开还尖的权利。以此类推，子尖之中，又可以由旁人开孙尖。各硐尖本来相距不远，时常容易发生纠葛。再加上这种极复杂的权利和义务，其为障碍自不待言。用新法开矿，至少硐尖的地主权可以取消，开采的工作可以合理化。

当民国三年的时候办草皮的比硐尖为多。但是草皮的面积当然是有限的。当日我预料草皮必定因为含矿堆的面积减少要渐渐了衰歇。果然到了民国十七八年的时候，草皮的产额只占全厂出产十分之一，比民国三年大约要减少了四倍。所以要维持或是增加个旧的产额非多开硐尖不可。而目前所工作的硐尖，只有两处：一是老厂，一是马落革的新厂。除去马落革是个旧锡务公司所开之外，所有老厂的硐尖都是几十年或是百数十年的老硐。这是因为在个旧开新硐尖是很不容易的一件事。探矿的初步当然是要靠露在地面上的矿苗。这种矿苗大抵已经为前人挖去。马落革的成功实在是侥幸的。民国三年我所见的矿苗才不过几公寸，并不足以表示地底下蕴藏。个旧锡务公司所以肯冒险开采，一来是有厂无矿，不能不努力供新厂的需用；二来资本当然比土法开矿的雄厚的多，比较的不怕亏本。所以要增加新硐尖非集中资本，不能成功。而且锡务公司的办法也是不可为训的。真正新法开矿，没有着手开大硐子以前，先要探矿。在个旧区域之内探矿不能单靠露在地面的矿苗。将来必须要用最新式的电气或磁力测量；不必开硐先从这种测量决定地底下有无得到矿苗的希望。用电气和磁力测量原不适用于探锡矿。因为个旧的锡矿都杂在赤铁矿中间。探到赤铁矿苗，锡矿就可以探到，所以大概可以利用这种新方法。

目前老硐的工作大部分消耗于走。窝路"。从硐尖口子到尖子头——就是挖矿砂的地点——窝路往往在几千尺之外。因为窝路的倾斜平均在三十度以上，有的还是吊井，工人背了五十斤的矿砂从尖子头向硐口走，每一小时走不到四千尺，所以深的硐尖，一个工人每天工作八小时（一班）只能往返三次。实际上这种硐尖的尖子头离硐口虽远，距地平直下不过一千多尺。并且一个老硐里的还尖，子尖，孙尖虽然岔窝路很多，各尖的尖子头相距都不甚远。假如用新法开采，只要测定一个离各尖的尖子头最适中的地点，从地面开一个大的直井，一直下去，就可以达到各尖子头的左近。如是工人上下，矿砂运输都可以改用升降机。一个工人的效能比目前可以增加几十倍，矿砂的成本当然可以减少，产量当然可以大大的增加。

以上所说的各点还不是个旧土法采矿必须改良的主要原因。采矿原是劳动中最苦最危险的事。中国的土法采矿比任何新式的采矿都要苦几倍，危险几倍。而个旧的锡矿在土法里面又要算是最违背人道的。不但是锡矿生在红土的塥里面，顶篷很松，架的木头往往容易倒塌，把工人压死，而且塥的左右都是石壁，开的窝路为节省工本起见，往往只能使一个人侧身通过。在硐尖里面走路，头固然是抬不起来，而且忽上忽下，点着油灯，在很滑的石灰石上爬着，空着手已经危险。我在银硐曾下去过一次。两点多钟走了三千尺远——一就是一点钟只能走半里多路！上来以后比走三十里路还累。背矿的工人用一个麻布搭连口袋，一头装上二十五斤矿砂，前后的搭在肩上。右手拿一根一尺多长的棍子做拐棒，身上穿一身白粗布的褂裤，头上裹上一块白布的包头。包头右边插一根一尺长的铁条，铁条的头上挂着一盏油灯。包头左边插一根四寸多长的竹片或是骨片。背矿出洞，一步一喘，十步一停。喘的声音几十步外都听得见。头上流下的汗把眼睛闭着了，用竹片揩去，再向前挨着爬走。洞子里的温度当然比洞外高。走到洞口，浑身上下都是汗，衣服挤得下水来。凉风一吹，轻的伤风，重的得肺炎肺痨。尤其是未成年的童丁容易死亡。工人的住处叫作伙房。是一间土墙的草篷，几十个人睡在一处。我曾在银洞的伙房里睡过一夜。终夜只听见工人咳嗽的声音，此停彼起，络绎不断。我听着这种凄惨的音乐，想着在洞里听见的喘声，一直到天明，不能合眼。早上起来一看，没法可以下脚，因为地下到处都是工人的涕唾！工人的工资平均每月不到五元。身体最强健的往往于每日规定应背的塝之外，多背几斤（谓之私塝），另得塝价。这种少数的工人每月或可得洋十元。住宿衣服饭食都是办矿人供给。饭食每日不拘次数；往往背塝一次，吃饭一顿。米饭之外，只有黄豆磨的汤，别无旁的菜蔬。出砂多的尖子，每月吃肉一次，叫作打牙祭。普通则逢节才有荤吃。衣服已经讲过，是一套白布的单褂裤。个旧矿厂上水最缺乏。为节省用水起见，工人早上起来，洗脸就不准喝汤，喝汤就不准洗脸。洗脸都不能自由，更说不到洗澡和洗衣服。矿砂是红的。工人进出洞尖，衣服里外都染成红色。所以在厂附近旅行，看见着脏的红色衣服的，就知道是下硐子的工人。

饮食衣服居住如此，工作如此，工资如此，招工似乎不很容易了。事实上却又不然。云南是穷省份，生活程度很低。不但是离个旧不远的几县有人在矿做工，就是距厂十站的地方，到了农闲的时期，往往有人步行来厂应招。其中尤其以宣威县的人为最多。据办厂的人对我说，无论哪一处的工人，在硐尖里的工作都抵不上宣威人。那一年（一九一四）的九月初，我从宣威向沾益调查。路上遇见许多人穿着极破烂的脏红布衣服，满面饥色，扶着竹杖，从南向北而走。我猛然想起，这些人颇像个旧厂上的砂丁，但是九月是工作最紧张的月份，砂丁又似乎没有大队回家的道理。我正在疑虑着的时候，忽然有一个人向我说道，"你不是丁委员吗？你不认得我了。我是带你在银洞下硐尖的老郭。你虽然胡子长长了，还是穿的一样的衣服，所以我认得你。"我问他道，"老郭，个旧厂出了什么事了吗？何以你们这时候回家？又何以弄得这样穷？""委员！你不知道吗？外国人打起仗来了。大锡卖不掉，许多厂都歇了工。连欠我们的工钱都要不到。我们只好沿路讨饭回家。幸亏这几天田里的包谷（玉蜀黍）熟了。我们可以偷点吃吃。庄家人也知道我们的苦处，就是看见了，也不追问。要不然真要在半路上饿死了！"我急问他道，"外国和谁打仗？""我也说不清。只听说洋鬼子大家都打起来了，而且法国鬼子打败了。"

这是我第一次得到欧洲大战的消息。这也是我第一次看见欧战对于我们发生的影响。

云南的土著人种

蒙自个旧的土人

——侬人、玀夷、黑苗、姆鸡、獛猍、土獠、罗猓

自从我宣统三年在贵州遇见狆家和苗以后，我对于西南的土著人种就发生了兴趣，很想有机会研究他们。但是民国三年再到云南的时候，因为走得太匆忙，一切都没有准备，而且那时专心注意地质矿产，对于人种也几乎忘却了。直等到我从个旧到龙树脚，方才再遇见这种土人。

龙树脚原名龙树邑，在个旧东南四十多里，蒙自西四十里，是前清道光以前很有名的银厂。现在银厂虽然完全歇业了，因为地点在蒙自个旧两个大城之间，而且有历史的关系，仍然是一个很大的街子。我于民国三年三月十七日到那里，恰巧逢着赶街。满街上都是异言异服的人。最足以引起我注意的是侬人。他们男子的服装和汉人一样，不容易区别。女人则大不相同。上身所穿的是小袖的短袄。大襟上面没有扣子，从左面斜围到右面，才用两个扣子，扣在右面腰间。这种长领和尚式的袄子，和我以前在贵州所见的大略相同，但是靠颈项的地方，领子忽然变为圆的，把喉下的部分完全遮住。大襟的上边，从圆领子底下发生，再向右斜围过去。大襟，圆领，和袖口都有镶边。短袄的下面，是一条百褶的长裙子，上下两种颜

色，束在短袄的里面。最奇怪的是她们的帽子。额头上扎着一块绣花的包头。包头上面戴着一个圆布帽子，一直遮到耳朵上部。帽子似乎没有顶盖，因为上面是另缠着一块长布，在前面斜裹成一个十字，把头发完全遮住。有几个还带着一寸多口径的圆银耳环和很重的银手镯子。

人数最多却是猓夷。但是他们看见我要照相，纷纷的逃避，不能详细观察。只看见他用青布缠着头，遮没了头发。上身也穿着短袄，裙子也是百褶式的，但是束在袄子外面。领子的后面有一块方布，四边绣着花，把背脊上部和两肩的一部分遮住。

此外还有黑苗。她们的衣服完全是长领式的。喉下胸上完全露在外面。大襟没有纽扣，因为上袄的下部束在百褶裙子的里面，裙带就当作腰带。帽子是一个上大下小的圆套子。套子上织得有十几条狭边。头顶上用一块布扎上，布的下部与帽套子相连。

以上这些人大部分赤着脚。偶然也有几个穿了草鞋。

三月二十二日我从个旧向贾石龙走。在哨谷村的附近，遇见着一个姆鸡女人。她却和龙树脚的猓夷态度刚刚相反。她先走过来用很流利的汉语给我说话要求我给她看"西洋镜"——我的照相匣子。我就趁机照了一个相。她看了半天，不得要领，才失望的走开。她的装束又和别种人不同。上身是一件长袄，一直拖到膝盖。下面是双管裤子，没有裙子。长袄上面着一件背心。背心用纽扣扣住。背心的前面有一个围裙，用两根带子，挂在颈项上。头上用一方短布遮住头发。脚下穿了草鞋。最奇怪的是她背东西的方法：一个口大底小的竹篮，一面靠在背后。一条长皮带子，两头扎在竹篮的左右；皮带的中部却担在她额头上，所以竹篮的重量，大部分在额而不在背！我的挑夫告诉我这是诸葛亮七擒孟获的时候留下的制度，来惩罚他们的！

四月八日我从个旧到蒙自，看见几个猓猡。她们大概是着的盛装。身上穿了三件衣裳：最里面的袖子最长，但是也到不了手腕，上面一件袖口恰到肘弯，最上一件只到肩下。每件的袖口都镶得有花边。领子是圆的，但是大襟用两根带子扎着，没有纽扣。衣服很长，不穿裙子，但是从颈项上又挂下一条围裙，遮在衣服的前面。帽子尤其古怪，前面的头发是从两边分向后的。离额发交界一寸多戴着一条包头。包头上面有一个七八寸高的竹弓，顶着一个长布口袋。口袋下部和包头连接的地方，扎着好几串用绵线做成的须子。挂在耳朵旁边。

在蒙自附近又看见土獠在田里工作。她们的装束，一半像猓猡，一半像狆鸡。衣服有两件：里面的袖子长而小，外面宽而短。领是圆的，大襟用纽扣。下面着双管的裤子，前面也有从颈项挂下来的圆裙。帽子是一个单简的布套子。

最后我在婆西车站看见几个猡猓。她们的装束差不多完全和土獠一样：上身穿长袄，圆领，用纽扣扣襟。下面是双管裤子，不着裙子。帽子也是平顶的布套子。

以上所讲的七种人照他们的服饰，可以分为三类：第一是黑苗。他们是穿纯粹长领式的衣服，上身的袄子比较的长，束在百褶裙的里面。第二是侬人和玀夷。他们的衣服在长领圆领之间，上身的袄子很短，百折裙束在袄子的里面。第三是玀猓，猓猡，土獠和姆鸡。他们的衣服全是圆领的，下面不穿裙子，穿双管的裤子。前面有从颈项挂下来的围裙。

以语言而论，也与上面的分类相同。苗语自成一类。玀夷和依人都是台语（Tai），就是所谓僰人。猓猡，土獠和姆鸡说的话都是猡猓的分支，就是所谓爨人。据《蒙自县志》，除了我看见的七种人之外，蒙自境内还有棘子，沙人，窝泥三种。棘子和沙人都与依人，玀夷相近，都是僰人。窝泥与猓猡相近，都是爨人。《蒙自县志》是乾隆五十六年修的。其中夷俗一门，列举以上各种土著，而单单没有讲起苗家。据我所知滇南的苗族大抵是乾隆以后的移民，不是土著，所以他们生活最苦。县志可以做一旁证。

以体格而论，除去苗族身材极低，与他族不同外，其余的虽然言语习俗不同，其实种族上似乎没有什么分别。我个人的意见，窝泥，猓猡，土獠，姆鸡，虽说与爨语相近的话，恐怕原来都是僰人，因为汉代爨人南侵，被猡猓征服，才说爨语。惟有我所看见的猓猡，长得特别的丑——颧骨特别的高，嘴唇特别的厚。但是这也许是偶然的。就是所谓猡猓也绝对和大凉山的真正的猡猓不同，恐怕也是棘人而爨化的。棘人和爨人是云南土著中的两大民族，爨在北而僰在南。以前的土司都是这两族人做的。

武定的土人
——麦岔、猓㑩、罗婺、苗
我于民国三年四月十三日回到昆明。因为要向迤北，迤东作长期的旅行，在昆明购买牲口，雇用仆夫，耽搁了十天。在这期间我请云南兵工厂给我做了一副量圆体径的曲足规（Calli-pers）。当时我并没有带任何人种学的书籍。只有英国皇家学会出版的《旅行者的指南》（Guide to Travellers）上面有一小部分讲研究人种的方法，附得有傅劳额Flower的曲足规的图样。兵工厂就是用这图仿做的。再加上几件普通测量用的仪器测杆，皮尺，就是我研究人种粗浅的工具。

我于四月廿四日离开昆明，经过富民县沿途耽搁一直到四月三十方到武定县。武定在明时是一个土知府，前清改州，民国改县。在迤北总算是一个重要的城池。到武定的第二天，就遇着赶街子。街上大多数是麦岔。但是我知道太迟了。等了我赶到，街子已经要散。他们看见我穿着旅行的外国衣服，拿着照相机，立刻吓得四处乱跑，不多时街子上就看不见他们的踪迹。我只匆匆的看见一眼，觉得麦岔与我在蒙自所见的人种，体格上没有什么分别。男子的衣服和汉人一样。女人只看她们着得有裙子，衣服似乎是圆领的。言语则更没有机会研究。幸亏县里的一个差役告诉我麦岔人自称为格泥。我才知道他们也是爨人——至少是说爨语人的，因为法国教士卫要尔（Vial）所研究的猡猓文字，就是从格泥（Gni）人得来的。即此一端，可见得考证云南土人种族的名称很是困难。

我看见武定的县长张先生，告诉他我研究人种的目的，请他帮忙。他说现在有一个很好的机会。武定县属有一个环州土舍。土舍和他的亲族是罗婺，是贵族；所管的人民是猓猓，是奴才，只能做佃户，不能有土地。目前这位土舍行为很不好。他所属的猓猓到县里来告状，反对他们的土舍。我要研究猓猓，当然可以叫他们到我寓里来。果然我回到寓所不多时就有十六位猓猓光临。他们的装束完全与汉人一样。为首发言的一位，说的很好的汉话。因为蔡松坡在云南实行征兵制。征兵的时候，每县应照各村落的分布向各村征派人来当兵。因为如此，所以凡穷乡僻壤的人，都有机会加入。征兵的服务期限是二年。二年以后，退伍归家，作为后备兵。这一位猓猓就是民国元年被征去的兵，新近退伍回来。他在军队里两年。眼界当然高了许多，所以就当了反对土舍的首领。

我问他们为什么要反对这土舍。这位退伍的兵士说道："从前的老规矩，我们猓猓是奴才，他们罗婺是主人。田地是他们的，我们只能当他们的佃户。不但田地如此，而且我们的生命财产一切都在主人手里，他要我们死，我们就不敢活。现在的这一个李土舍，年纪很轻，遇事胡为。向我猓猓照例的要钱还不算，而且常常到人家来骚扰，甚至抢夺人家的妇女。前几年来了两个基督教内地会的牧师，一个姓郭，一个姓王。到猓猓地方传教。他们看见我们受罗婺欺负，很为不平。这两年来许多猓猓都入了教。渐渐不肯听土舍指挥。李土舍因此常常派差役到这种村子里来拿人去乱打，所以我们才到县里来告他，请县长保护我们。

我趁机请他们给我测验身体。他们很怀疑。幸亏这位退伍的兵士向他们说，他在军队常常干这个玩意儿，他们

就勉强听我调度。所测验的结果如下：（十六人平均数）

公分

身高	一五九·八〇	头部指数	七八·一
头长	一八·〇二	胸周指数	五二·二
头宽	一四·〇五	足长与身高	一五·七
头周	五六·三一	手长与身高	一二·〇
胸周	八三·七〇		
足长	二五·〇〇		
手长	一九·二〇		

　　他们又告诉我内地会在武定一带的大本营在武定城西北的洒普山。歇了几天，我特别到那里拜访这两位牧师。他们的教堂和住房在洒普山的西坡一个花苗的村里。建筑虽然很单简，里面的陈设布置却是很洁净。一位年老的郭牧师英文名是（Nicols），是澳洲人，到云南已经多年，能说中国话和苗话。还有王牧师夫妇是新结婚从英国来的。郭牧师穿的是中国衣服，人极其严正。看见我似乎不很欢迎。王牧师夫妇还是西装，很高兴的留我吃茶。我说明我的目的以后，郭牧师倒也极力帮忙。但是下午的时候所有的男人都到地里做工去了。只有几个妇女在家。测验体格眼见得是做不成了。郭牧师把在家的妇女叫了四个来。穿上了他们礼服盛装，给我照相。这四位都是花苗，都是已经出嫁了的，但是只有两个生了孩子。这两个把孩子背在背上，用两根绳子十字交叉于胸前，完全给日本人背孩子一样。头上都没有带帽子，但

第四编

游

记

是生了孩子的两个把头发在前面结成一个四寸多长的角高高
的竖在头上。这是妇人已经有孩子的记号。其余的两个把头
发平盘着。有一个前面还剪得有"刘海"。浑身的衣服和贵
州的花苗一样，但是华丽的多。除去普通的长领花衫以外，
还被上一件花外套，极大的袖子不过到肘湾。上边全是红白
相间的花纹，有一位腹部裙子外面斜束一块四方的红花布。
裙子也是花的，扎在长领衫子的上面。腿上是花布裹腿。脚
下三个穿的草鞋，一个穿的布鞋。大概布鞋和前"刘海"都
是模仿汉人的时装。

据郭牧师说花苗来到武定不过二百年。都是因为雍正
以后东川的猡猓被汉兵杀完了，从贵州西部移民过来的。

从洒普山回到武定，我又向武定西面的旧山箐去看铜
矿。那一带是青苗的村落。到那里由县里的差役领我住在
一位青苗的村长家里。这位村长是青苗中的首富，是很有
体面的人，汉语也说得很好。他住的是瓦屋楼房。房子上
房一排有五间，很好的木料，但是门窗都很简陋——窗子是
单有竖的长格，而且也没有糊纸。楼房很低，大部分是堆
的包谷（玉蜀黍）上房面前是个院子。院子左面是门，右
面是猪圈牛槽。院子里堆得满的粪土。

这位村长听说我要测验体格，到村子里面找了十个人
来，可惜我到得很晚，又还有其他的工作，匆匆只测验几
点（十个人的平均数）：

　　　　头长　　　一七·八公分

　　　　头宽　　　一四·五公分

头周　　　五五·二公分

头指数　　八三·四

　　他们男子的衣服大抵与汉人一样。女子用青布缠头。上身穿的是没有纽扣的青布长领衫子。下面是一条青布裙子，束在衫子外面。大部分是赤脚，偶然也有穿草鞋的。

　　据村长说他们是明末从四川移过来，原来也不是土著。

　　我因为听说环州是个土舍，是罗婺人的中心，就决心绕道环州再到元谋。从武定到元谋的大路是一直向西的。到环州则须绕道西北。我于五月七日从武定起身经过母西村，石腊他，糯谷，阿洒拉，于五月十二才到环州。上列的村子，都是猓猡。男子的衣服大抵与汉人一样，女子则穿半圆领的衫子，百褶长裙。但是衣服大部分是麻布的，绵织物是奢侈品。他们的生活极其可怜，因为他们不会种水田，都在山坡上种包谷小米，荞麦，所以还不如种稻子的苗家，近几年都信了基督教。在石腊他就有极简陋的教堂。

　　猓猡人的穷苦，我在糯谷村看见得最真切。我那天到得比较的早。他们的住房不但是土墙茅顶，而且家里的猪圈牛槽，与住房相通，五月里的天，没有法子可以安身。我于是住在我自己带的帐棚里。我的马夫来告诉我，村里人不肯卖料给他。牲口只有草吃，明天恐怕不能上路，我把村首找了来，先给他一块钱请他帮我买包谷或是豆子喂牲口。他摇头说道，"大人！我们自己吃的粮食都没有，实在买不出来。"我再三央求他，他才答应想法子。但是

第四编　游记

·173·

去了许久没有回信，太阳要落的时候，我忽然看见来了三匹驴子。骑牲口的人，一跨下来，就有人招呼，把牲口接了过去。不多一刻，就有人拿了一大斗包谷喂它们。我看见了，很生气，立刻把村首叫来，质问他道，"你说拿钱买不出粮食来。为什么这三匹驴子一到就有料可喂，而我来了半天，牲口还饿着？"他哭丧着脸回我道，"大人！这三匹驴子是环州李土舍家里的。我们是他的下人。他又是有名的凶神。没有事还要拿人去打。我们就是饿死，也得给他喂！"我问他道，"他是不给钱的。我拿钱向你买，你为什么不卖？你有钱不好再去买回来吗？""大人！你哪里知道我们的苦处！村里头没有哪一家有余粮的。卖给你以后要再买，非走几十里路赶街子不可。街子上粮食又贵，路又这么远，来往要两天，所以大家都不愿意。"我立刻又拿了一块钱给他，说了许多好话。他才给我弄了几斗包谷来。

环州的罗婺

我于民国三年五月十二日从阿洒拉到了环州。这是土舍李自孔的所在地，是武定所属的三土舍之一。其余两个是慕连和勒品。土舍是土官里面最低的一级。土官原有土知府，知州，知县，土司，土舍等阶级，武定原是明朝的土知府。自前清雍正改土归流以后，这一方的土官，都已取消，只留下这三个土舍。土舍的官虽小，但是他是一个土皇帝，凡有他所属的土人都直接受他的节制。他就是非法的杀人，汉官都不过问。

环州是万山中的一个村落，一共不到一百户人家。东南离武定县城五十二公里，北距金沙江七公里，西距元谋县二十九公里，高出海面约二千公尺。交通极不方便。做土舍的是罗婺族的人。罗婺二字与猡猓音很相近，或者就是蛮书所谓卢鹿。环州的居民都是罗婺族，这是黑夷，是贵族，此外他们的奴仆都是白夷——据猡猓人告诉我，他们也是白夷。

我一到环州，就有一位五十多岁的妇人，带了五六个差役来见，说是李土舍的母亲自老太太——自氏是黑夷的大姓。一坐下来，她的跟人就送上一瓶烧酒来，说是土舍衙门送的土仪。这位自老太太穿的是寻常的汉装，但是用黑布裹着头，说的很好的汉话。她说照前清的规矩，汉官来到，土舍应该出村子跪下迎接。因为她得信太迟，儿子年轻好玩出门去了，找他不着，所以失礼。她自己亲来赔罪。我问她的家世，她都说不上来。坐了几分钟，就起身走了。

不久有人拿一张洋式的名片来，上面写的是李玉兰，字佩秋，武定。说是土舍的太太，本来要求拜见，因为生病不能出门，问我能不能过去谈谈。我正要看看土舍家里的情形，就立刻同来人走去。土舍的家原来是个衙门，有大堂，二堂。堂上放着有公案，朱笔，签筒。两边还有刑具。领路的人一直把我带到上房的西厢。一进去方知道是土舍太太的卧房。这位土舍太太才不过二十岁左右，一脸的病容。上下都是省城的时装，脚不过五寸，大概是缠过的，头发结着一条大辫子，拖在背后。桌子上有玻璃镜子，雪花膏刀牌的纸烟和《三国演义》。墙上挂着许多照相。床上是绸帐子，绣花枕头，但是原来白的被单已经变得乌黑。我因为要避嫌疑，同时拿一张名片请见她的婆婆。她先谢谢我亲来见她，说是很不应该的。不过因为生病不能出门，而且有话要告诉我，所以才派人去惊动。正说着的时候自氏老太太来了，她就不开口了。自老太太比早上更客气，一定要坐在门槛上。

我先问他猓猓到武定告状的事。自氏叹口气说道，"这些人原是我们罗婺的奴才，相传十四代，从来没有反抗。自从郭王两位牧师来了，他们纷纷的入教，就渐渐的不容易管束了。几个月以前有从省城退伍的兵回到这里来，他们就叫大家抗租。他们说在兵营里面，猓猓和大家一样：不但夷家不敢欺负他们，连汉家对他们都很容气。为什么再当土舍的奴才。近来竟敢到县里告我们了！委员，请你写封信给张大老爷，把他们打几十板子就没有事了！"

我再问她土舍家里有没有家谱，有什么古代的传说。自氏都说没有。她的媳妇插口道："委员，你以为我们也是夷家吗？（猡猡对汉人自称为夷家）那你就弄错了。我婆家姓李，这本是汉姓。我是慕连土舍的女儿，娘家姓糯，但是原来姓凤。凤也是汉姓。我的娘也是汉人。我父亲是很念过书的。我常常听他说凡有土舍，祖上都是汉人，都是江南人，和委员是同乡。明朝时候跟着沐英征云南，才封在武定做土官的。"

我知道以上的话完全是不确实的。据《武定州志》，环州李土舍原姓安，是四川建昌（宁远）人。始祖名安纳。于明万历四十八年奉四川建昌道宣慰司安世爵调到云南，征伐武定的土官凤朝文，有功授职做环州甸的土巡检。他的后人有做过元谋土知县的。有加同知衔的。前清雍正时李素衡奉调攻东川昭通，运粮失事，才降职为土舍。慕连土舍本姓凤是不错的。但是凤氏是猡猓的大族。原是安氏的分支。安氏是四川，云南，贵州三省猡猓的豪族。世守定大，就是所谓水西安氏。足见得土舍的祖宗是我的同乡话是靠不住的。但是这种传说在汉化较深的土人中间流传很广。在云南贵州都说是跟沐英的江南人。在广西都说是跟狄青的山东人。

我问她们的风俗服装。糯氏太太告诉我，他们罗婺妇人与猓獩不同：穿棉布的多，穿麻布的少；穿双管裤子的多，穿裙子的少；穿圆领有纽扣的长衫，不露前胸。但是无论已嫁未嫁，没有生子的都著尾巴帽：样子像唱戏小生所带的头巾。两头是尖的，背后有两根带子。有钱的人用银豆子镶边，上面用五彩绒线绣花。等到生了儿子就用青布或是黑布盘成一个上大下小的缠头。这叫作锣锅帽。

女子有一二岁即出嫁的。男家请客庆贺。庆贺完结，女子又回到母家，等到长大了，才到男家。有时同丈夫在母家同居，等生了儿子，才离母家。结婚用媒人，但是单是代表男家，女家照例不能遣媒求婚。

最重要的神叫作土主。我从富民到武定的路上已经看见过。庙在大路边上，与汉人的土地庙差不多，但是只有男神。神是泥塑的，有六只手，神座前面满地的鸡血迹。神身上满贴得是鸡毛。这是敬神的时候重要的礼节。

罗婺的语言是云南贵州通行的猡猓语，是所谓藏缅语属的一种。自称为Neisupo，称汉人为Sapo，称猓獩为

Lisupo。Po说是"教"的意思，大概就是汉语的"部"字，因为《后汉书·白狼歌》里已经用它译汉文的"部"字。古代的部落区别，多少含有宗教性的。所以他们至今翻译部为教是很有意义的。

罗婺也有巫师叫作比冒，专管念爨文的经咒。糯氏太太叫人取了一册来送给我。书是用草纸抄的，一共十三页。原是朱笔，而朱上又盖了黑墨。文自左向右，每五个字一句，加有朱圈。我请这位巫师来讲给我听书里面的意义。他说他只会念，不会讲。我问他是否知道这文字的来历。他毫不迟疑的说道，"是孔夫子造的。孔夫子两只手都会写字：右手造了汉字，所以汉文从右向左；左手造了夷字，所以夷字从左向右！"民国十八年我在贵州大定，遇见一位积学的白夷。讲到这问题，他对我讲同样的话。足见得这已经是很久远，很普遍的传说。

我要求自老太太叫几个罗婺来测验身体。她叫了十个人来，平均的结果如下：

身高	一六二·六〇公分
头长	一八·八八公分
头宽	一三·八二公分
头周	五七·二〇公分
胸周	八二·二〇公分
足长	二三·八〇公分
手长	一七·六〇公分
头部指数	七三·〇〇

所量的这十个人都自称是黑夷，但是他们的身高和头指数——两个最重要的点——都与猓猡相近，而与真正的大凉山的黑夷不同。我疑惑他们或者是白夷冒充黑夷，或者是黑夷和白夷的混合种族。因为这两种人表面上虽是不通婚姻的，而白夷是奴才，生的女儿黑夷可以随便拿来使用。有时还抢掠汉族或其他的民族的女子来做婢妾。种族的纯粹当然是不能保存的。大凉山黑夷的身高是很足以引起人注意的，因为他们的平均数在一七〇公分以上，是东亚第一个高身的民族。不但男的如此，女的也是如此。这位自老太太身高就在一六五公分以上。

我量完了十位罗婆，要求给两位太太照相。自老太太似乎不很愿意。糯氏太太却很高兴，但是说请"委员明天再来，因为今天没有装束。"

第二天早上这位李土舍亲自来见。他才二十七岁。穿一身青布的短褂裤，裤管极大。光着头，赤着脚，一副黑脸，满脸的横肉。我问他话他一句不答。他带来的差役说，"土舍年纪轻，不懂事，汉话也不大懂得，请委员原谅。"我给他照了一个相。他红着脸坐在凳上，一言不发，却又不走。直等到我对他的跟人下逐客令，他才踟蹰躇躇的走了出去。

下午糯氏差人来请我去照相。我到了那里，她已经着了盛妆：头发盘起，用黑湖绉缠头，上大下小，顶大如盘。身上穿一件蓝色绸衫，两袖露出红色的紧身。下边是百褶裙子，真可算夷汉合璧的妆束。此外过有两个年轻的仆妇。头上带的"尾巴帽"，上身著的镶边大袖圆领的长

第四编 游记

衫。下边踏着花鞋，一个穿了裙子，一个只著双管镶边裤子，两个腰间都束着很宽的带子，陪著主人一同照相。

照相完了，糯氏请我房里坐。并介绍我一位中年的小脚妇人，说是她的母亲，从慕连来看她女儿的。糯氏对我说道，昨天有许多话要向委员说的。因为我婆婆来了，不大方便，所以没有开口。今天没有外人，我要把我的苦处告诉委员，出一出气。我是慕连土舍的女儿。我母亲是汉家。我六岁的时候就许配于李自孔。我父亲很开通的而且很爱我。从小就把我送在昆明女学堂里念书。我十二岁的时候李家就要求结婚。我父亲说我年纪太小不肯听他。不幸我十五岁的时候父亲忽然死了，我从昆明奔丧回到慕连。忽然一晚上来了几十个人，明火执杖，把我从父亲棺材旁边拖了出来，抱上马就跑。我起初以为是土匪。以后才知道是李家派的人来抢亲。我自己想我是土舍的女儿，又受过点教育。被人强抢，岂不可耻？当时就想自杀。继而一想，李自孔是我父亲给我定的未婚夫。迟早总是要嫁给他的，也就罢了。哪知道丈夫异常的凶暴，我虽然百般的承顺，总不能得他的欢心。结婚不到五个月，他就在外边强占人家一个有夫的民妇。我十五岁抢来，今年二十一岁。这六年中，完全守寡。幸亏我婆婆很慈善，我倒也相安，但是我陪嫁的婢仆，多不堪我丈夫的毒打，逃回慕连去了。如今只剩下刚才陪我照相的两个丫头。一个多月以前，我出门回来，叫人煮了鸡子酸菜吃晚饭。那晓得我丈夫所占的民妇的一个女仆在旁边偷偷的下了毒药。我吃了两口，觉得口味不对，就赏给两个丫头吃了。当夜我们三个人都中了毒，腹痛了一夜，几乎死去。幸亏是三个人分吃的，毒不很重，歇了几天才慢慢的好了。我想我丈夫如此的狠毒，我万万不能再住在他家，一个人私自逃回慕连。到了东坡，遇见我的哥哥，他力劝我回来，说："你中毒你丈夫是否知道，还不能证明。既然嫁了他家，不可轻易离开。"派了十二个人送我回来。我到环州村口，我的丈夫已经聚了一百多人，拿了刀枪，要杀到慕连去。他看见了我，如疯子一般，上前要打我。幸亏我带了人，他不敢下手。只把他自家里的人，一个个打一顿，对我示威。我母亲听见，亲自跑来看我。他初起吩咐门上，不准我母亲与我见面。歇了两天，我母亲住在村里不去，我婆婆才把她接到家里来。他还天天吵闹，要赶她回慕连去！

糯太太一面说，一面哭着。我于是才了解房中陈列品的由来。但是我是外客，无从安慰她。正在很窘迫的时候，自老太太派人来请我去照相。我乘机起身告辞。她又说道，"委员是外人，我本不应该把家事烦你。但是一来说说出出气，二来我哥哥要到武定县去告我丈夫。我希望委员了解这事体的真相，主张公道。"她又拿了她丫头的一个尾巴帽送给我，说做我研究的材料。

六个月以后我从人迤东回到昆明，遇见前署武定县的张县长。他告诉我李土舍被猓猡告发的案子已经了结了。因为他的太太人很明白。猓猡都爱戴她。正打着官司的时候，土舍太太出来调解，居然发生了效力。我方才知道昆明念过书的女子，究竟不同。这是后话。

自老太太也是盛妆：也是黑锣锅帽，圆领大袖的长衫，下面束着百褶裙子。她似乎猜到媳妇在我面前说了他儿子的坏话。照相一完，她就对我说道，"我的儿子太不知事了。媳妇并没有错处。他偏与她不和。不过委员，你要晓得，我守了廿六年的寡，只有这一个儿子。凡事只好请大家看我老面上，不要十分与他为难！"

我回到寓所，又找了一个会说汉话的差役来，问问他罗婺的方言。以下是罗婺语最普通的几个字和汉语及卫亚尔所研究的麦岔（即Gni）语的比较：

汉	Gni	罗婺	汉	Gni	罗婺
父	Eeba	Adi	眼	Neese	Nadu
母	Eema	Ami	鼻	Nabi	Numu
夫	Situze	?	耳	Naho	Nobo
妇	Maishlee	Usomo	口	Gn（i）gna	Nibu
兄	Apou	Ainu	臂	Leeghhe	Lazi
弟	Gh ip'ce	Nimo	股	Shlapee	Puder
巫	Seba	Bimo	腿	Tch'eghhe	Chiupu
千	T'itou	Ter-er	手	Leepee	Lepa
万	Tiva	Cheier	足	Tch'ebee	Chepa
高	Gaii	Chiomu	胸	Gnitouka	Nipo
矮	Gna	Chione			

卫亚尔的Gni辞典是普通所认为标准的猡猓语。看上列的表虽然两种语的关系很显明，但是不同的点却出乎意外的多。

我在环州住了两天，于五月十五日起身向元谋。因为听见说苴宁的东面鸡冠山新发见了铜矿，就决定先到鸡冠山看看。从环州到鸡冠山路不过十三公里，但是全是山路，牲口不能通行。幸亏土舍衙门的人给我雇了十五个夫子背行李，才能出发。这些夫子不用说都是猡猡。

　　汉人对于猡猡有许多成见。第一是说他们如何野蛮。第二说他们"登山如履平地"。从武定送我到环州的差役，尤其说得神奇。他说猡猡走山路如飞，因为他们是"铁脚板"。从小的时候就光着脚在铁钉上走，所以脚板极厚。哪知道从环州雇的许多猡猡走山路还不如汉人。将到鸡冠山的时候，要下一个洋铁坡。有的地方路极其窄狭。有一个十七八岁之猡猡，背着东西，竟走不下去。等到人家把东西替他背过去，他空着身子还极其害怕。我在他后面，只看见他的腿发抖。最后竟要人扶他。可见得猡猡的"上山如飞"，"铁脚板"都是神话！

四川会理的土著人种

龙爪山的猡猡

　　我从环州到了元谋，于民国三年五月二十日过金沙江到了四川会理县境内。沿途所遇见的都是汉人，只有从松坪关向通安州的时候，在普隆河附近，遇见一位猡猡贵族妇人，骑着马，跟着一匹马，从我身边经过。她看见我绘图，就下马来问讯。她听见说我是北京来的委员，很恭敬的说道，"舍下离此不远，请到那里休息。"我的乡导告诉我她是普隆沙土司的妹子。我因为她家不在路边，就谢绝了。她也匆匆的上马去了。以后乡导说沙土司做人最好，家里藏得有许多书。我很懊悔，没有去拜见他。通安土州原也有土司，但是我去的时候衙门没有人，而且这是会理著名的铜矿，汉人很多。我忙了看矿，就没有理会别的。

直等到六月四日我到了会理县城要想到县城东北的龙爪山去测量，才又有机会看见土人。龙爪山离城十八公里，是会理境内有数的高山；出海面三千八百公尺，比泰山高出一倍多，比五台还高三千尺左右。天晴的时候很远的即望见它——我以后到发窝的望乡台大山，离它一百三十多里还看得很清楚。一直到东川西南的牯牛寨大山，离它已二百多里，还隐约的认得。但是山周围都是猡猓的村落，不但上山要他们带路，就是下山的住宿也非找他们不可。于是县衙门里派人从龙爪山脚找了三个猡猓来，决定于六月七日引我上山。

从会理城到龙爪山直线虽不过十八公里，道路是弯弯曲曲的，实际上在四十华里以上。而龙爪山高出会理城一千三百多公尺——差不多与妙峰山和北京城的比例一样——还要下山住宿，所以路是很远。我天刚亮就出北门，到三元桥与向宁远的大道分路。我们的路顺着一条支河向西北。起身的时候本来是阴天。一过三元桥就下起大雨来，路上的水有五寸多深，很是难走。我们都披着雨衣。三位带路猡猓，带着羊毛的毡斗篷。这是四川猡猓的制服，无论冬夏都是如此。此外他们的装束与汉人没有多大的分别，不过缠头的布要比汉人的长大点。

从会理城起，走了六公里多路就到山根。上山的路很窄狭，又因为雨忽下忽止，路十分难走。路是顺着山沟向上的。从山根起，走了八公里，到了沟的尽头，已经上了七百公尺。路原是向西北的。到了这里，要改向北；还有七公里，再上高三百公尺，就可以到山顶了。当时雨更下得大了；满山都是云雾，几步之外，就完全看不见路。我们的雨衣也都湿透了。而那三个带路的猡猡，一走到沟头的岭上，都蹲在地下，不肯再上，因为他们都已经喝得烂醉了！

　　原来一出城的时候，我就看见他们每人身边带着一个油篓式的瓶子。起初我以为是他们带的水，没有注意。以后看见他们不时举着瓶向口里倒，问他们方知道是酒，三个猡猡之中，只有一个汉语说得好。他对我说道，"我们夷家只有包谷（玉蜀黍）做的酒，力量不够大。昨天晚上委员赏了我们钱，我们就在城里每人买了一瓶好烧酒。原来想带回家去喝的。下了雨路难走，身上湿了，有点冷，所以路上先呷几口。"哪知道不呷则已，一呷就没有限制。刚到山根有一个已经把酒喝完了。狼狈的上山，一个人掉在后面。等到到了岭头，那两个也就喝醉了。

　　我上龙爪山原是想去测量的。眼看见一山的云雾，目的是达不到的了，天色又不早了，乡导又是几个醉汉，只好决定放弃登山的计画。从岭头仍然向西北下走到山腰的龙爪山村投宿。

　　向下走不到二公里，雨忽然止了，云渐渐开了。向北望龙爪山虽然依旧是一片浓雾，西面的高山和山下的深谷却逐一的现露出来。路也由西北转向了北，顺着龙爪山的西坡走。高度仍然在出海面三千三百公尺以上（一万英尺以上）。路的西面是一个极深的大谷，就是安宁河下游的撒连河。从我们的路到谷底至少有一千七百公尺深——和美国驰名的哥老拉多峡谷Colorado Canon一样。若是从龙爪山顶上计算，还要加上五六百公尺。这大概是世界上最深的峡谷。谷底满都是水田。六月里都是绿秧，山坡全是红土，红绿相映成一幅绝好的画图。谷西面的高山，平均也在三千公尺左右，自南至北，像一道高墙一样。会说汉话的一位猡猓，酒也醒了，指着谷底的一个大村说道，"这是撒连，著名出甘蔗的地方。撒连北面是潘林沟，田地极其肥美，是我们会理最好的地方。"我问他道，"这大沟里有你们夷家吗？""一个也没有！我们夷家，第一怕蚊子，第二怕热。所以我们村落都在高山。这种沟里，全是热风。下去就要得瘴气。我们如何敢住！"

再向北走了六公里才到了龙爪山村。这是一个十几家的猡猓村落，紧靠着龙爪山的西脚下。出海面仍然有三千三百公尺。六月里天气，傍晚的时候温度仍然在摄氏十六度左右。村子里面房屋极其简陋。我就住在帐篷里过宿。

我原来的计画，下了龙爪山要沿西坡绕到山北再向东到白果湾，去看会理著名的一碗水铅银矿。所以三月七日，从龙爪山村出发仍向北走。但是夜间又下了大雨，我的洋布帐棚不但是弄得满的泥浆，而且浸透了水，异常的重，驴子驼不动。只好临时雇几个人抬着走。如此一耽

搁，出发的时候已经过了十点，眼看赶不到一碗水了。和
猡猓乡导商量，到毛毛沟禄家过宿。

禄家离龙爪山村不到十二公里，不过昨天走的一半
路。但是全是山路。因为龙爪山是一条南北的大山。所有
的山沟都是从东向西，流到撒连河的深谷里去。我们初起
向北。二公里半到了红岩子，再向东北。路线正与沟成一
直角。沿途都是一上一下。红岩子过去，过了两条沟，就
转到了龙爪山的北坡上。从此又向上走到三千五百公尺左
右，然后再下到毛毛沟。过了沟上东北坡才到禄家（高出
海面三千三百公尺）。沿路又下着雨，走的很慢，二十多
华里路大半天方始到着。

禄家是猡猓的富户：每年有六十石粮食可收。田地
以外，还有五六个奴仆，三十头羊。牧羊是猡猓重要的工
作：羊毛可以做毡斗篷，羊乳可以喝，还可以做乳饼。以
上的种种事实足以证明猡猓原来是畜牧的民族。原住的地
方大约在中亚细亚，因为这种生活不是在高山深谷水田的
区域所能发生的。

禄家的男主人不在家。女主人是一位身长六尺的中年
妇人，汉语不大会说，但是招待很是殷勤。我仍然住在帐棚
里。因为棚布是湿的，里面很闷。雨不下了，就走在门口闲
着。禄家住宅四围有院墙，门口有一座碉楼。忽然女主人走
了出来，向山坡上一望，一把拉住我向里面跑，口里说着猡
猓话。屋里跑出两个奴仆，一个手里拿着一支后膛枪，走到
碉楼上去。不久下来，把枪放下。向女主人咕噜，她才有了
笑容。我的猡猓乡导对我说道，"委员不用怕，是禄太太看

第四编　游记

错了，以为是她的仇家来了，所以拿枪上碉楼防守。其实不是。"我问她的仇家是谁。这位乡导说道，"禄太太的娘家姓马，也是一个富户，家里养得有许多奴才。不久以前，这些奴才造起反来，投奔到邻村的吴家去。马家向吴家理论。吴家不讲理，反带了人到马家抢东西，并且把禄太太的妹妹杀了。禄家为亲戚报仇，也就去攻吴家，杀了他家几个人。因此结下仇恨，时时得防备着。好在禄家有两杆好枪，二百多子弹，一座新碉楼。吴家就是来，也不怕的。"我问他道："你们杀了人，县里不管吗？""唉！我们夷家自己的事，县里哪里管得许多！"

禄家有几个年轻的妇女，相貌都生得很端正，皮肤也很白净。她们头上扎一块没有顶的包头，两边有两个掩耳。身上着一件长衫，衫上着一件马褂似的短袄，下面系着长裙子。女主人的装束也是一样，但是头上带一顶八角的高顶和尚帽，是我在他处所没有看见过的。女子十七八岁才出嫁，婚姻用媒妁，同姓不通婚。

羊是他们最贵重的财产。羊要生病，他们把一只狗捆在路边，让它饿死，来为羊祈禳。若是羊病还是不好，他们再请巫师念经，同时拿一只小鸡捆在一双草鞋上放在路上供神。

我沿路跟我的乡导学了几个猡猓字：

父	Ada	山	Kuchiu
母	Amo	石	Lomu
孩	Aye	纸	Terdje

手　Lie　出血　Sdolo

足　jitze　等一等　Ngalu

马　nba

在禄家测验了六个人的身体。平均的结果如下：

身高	一六三·三三公分	胸周	八七·六〇公分
头长	一八·六七公分	手长	一八·六〇公分
头宽	一四·四三公分	足长	二三·九〇公分
头周	五六·一〇公分	头指数	七七·八三

　　他们都自称为黑夷，但是测验的结果与白夷相近，我很疑惑他们不是真的黑夷。因为六个之中三个是会理县找来的乡导，他们的身高都在一六六公尺左右。其余的三个是禄家的奴才，身高都在一六〇左右。大约乡导是黑夷，或是黑夷的杂种。那三个奴才十有八九是白夷。

苦竹的土司太太禄方氏

　　我于六月十四日回到会理县城。预备东行过金沙江去看东川的铜矿，就请县里派人乡导。萧县长对我说过，"你要走的这条路现在很不太平。听说大路要经过鲁南山。山附近都是猡猓，近来常常出来抢人。我到任没有两个月，已经出了十多起抢案，并且杀伤了好几个人。这还是报到县署里来的，没有报的更无从查考了。我要派人保护，多了我派不出；少了不但不中用，反因为有枪，做了

第四编　游记

猡猓的目标。我劝你还是绕回云南再到东川去罢。"绕回云南！说起来很容易，一绕就要二十几天。不但路远了一半，而且要走回头路，极不经济。我又知道鲁南山是大凉山的南尾，地质上一定极有趣味，极不愿意放弃了。我初起疑心这位县长图省事，不肯派人送我。以后遇见地方的一位马团总，问他究竟是怎么一回事。他说，"萧县长的话完全是真的。不要说他没有兵可派。就是有兵，也派不得的。你要不信，只要向邮政局打听就知道了。因为这原来是东川通会理的邮道。近几年来因为不太平，邮政局久已不敢寄包裹，只是信件还是可通。这几个月来连空身的邮差都不敢走了。听说最后一次，邮差的衣服都被猡猓剥光了。你千万不可冒险。"

我听了这一番话只好发闷。恰巧一位内地会的牧师来拜我。他是爱尔兰人，在会理好多年，地方情形很熟悉。谈起我的路程问题来，他告诉我道，"萧县长马团总的话都是真的。但是我给你出一个主意。从城里到鲁南山要经过姜州和昌意坝。这两个地方中间有一个苦竹土司。离大路不过一里多路。目前的土司是一位妇人，人极其能干，家里有几百杆枪，凉山的猡猓没有不怕她的。你何妨顺路去见她，请她派两个猡猓送你过山。只要她肯负责任，你一定可以安全通过"。

于是我与萧县长说好了，请他派两个穿号褂子的徒手差役给我做向导，先到苦竹土司衙门。如果土司太太不肯保护，再想法子绕回云南。

我于六月十六日从会理出发。县里派的向导，倒也一早就来了。但是一个是十六岁的后生，一个是六十岁的老汉！我很生气，要到县里去请他另派两个精壮点的差役。那一个老差人对我说道，"委员，请你将就点罢。昨天县长本来说是派两个精壮点的。但是全衙门百十个差人，没有一个肯去，大家都怕吃猓猓的亏，最后才推到我两个身上。我是个苦人，什么都不怕了。他是新进衙门当差夥的，没法推却。委员要请县里另外派人，今天一定走不成了，因为他们宁可挨打板子，也不肯去的，况且我年纪虽是大点，路却是很熟；土司衙门我也去过，倒不会误委员的事。"我听他说得有理，只好罢了。

　　从会理县城到苦竹不过五十公里（九十华里）。虽然是山路，两天可以赶到，我因为要沿途测量，分作三天走。第一天十四公里宿弹冠驿（又作痰罐驿），是一个三十多户的野店。第二天二十三公里宿姜州，是明朝洪武初年所设的七州之一——会理在明初是会川府，领七州一县。我住在贵州会馆，是一个极其高大的建筑。大殿上中间供的是南霁云，右边是黑神，左边是观音。南霁云的侍从，却穿着马褂，挂着辫子！会馆是道光七年建的。当时贵州人一定很多。经过咸丰年间的回乱，地方极其残破，到如今只剩有两家贵州人了。

　　我每天的习惯：一天亮起来就吃早饭；吃完了就先带着一个乡导，一个背夫，独自一个上路。铺盖，帐棚，书籍，标本用八个牲口驼着，慢慢在后面走来。到中午的时候赶上了我，再决定晚间住宿的地方，赶上前去，预备一切。等到天将晚了，我才走到，屋子或是帐棚已经收拾

第四编　游记

好了，箱子打开了，床铺铺好了，饭也烧熟了。我一到就吃晚饭，一点时间都不白费。那一天从姜州起身我打听明白：姜州到苦竹十三公里，苦竹到昌意坝五公里半，昌意坝到波罗塘四公里半。一过了波罗塘，就上鲁南山，一直要走二十八公里半（约五十七里）到山东北坡的岔河，才有地方可以投宿。波罗塘岔河之间，只有距波罗塘十公里，在鲁南山的半坡上有一个村子叫做李子树，但是这是猓猡的巢穴，每次抢人杀人都是这村子人干的，万不可住。于是决定第一天走二十三公里，宿波罗塘；第二天走二十八公里半，宿岔河。我自己半路上到苦竹土司衙门去请土司太太派人保护，当天赶到波罗塘过夜。预备好了我一个人先走。沿路加紧的工作，不到十二点，已经到了离苦竹二里多路的腰店子。驼行李的牲口也从后面赶到。大家吃了午饭，驼马由大路一直向昌意坝。我带着一个老差人，一个背夫，绕道向苦竹走去。

我在腰店子吃饭，向饭店里的人打听这位土司太太的为人，方知道土司姓禄，她娘家姓方，原是成都的汉人，几岁的时候就被禄土司买来，以后做了土司的姨太太。禄土司死了，留下了一妻一妾。妻姓自氏，住在苦竹，妾方氏，住在披沙，相距有一百五六十里路。本年阴历二月十四日（距我到那里的三个月以前），自氏太太被手下杀死了。方姨太太得了凶信，从披沙骑着马，带了一百多人，一夜半天工夫赶到苦竹，出其不意，围住衙门，把凶手拿住当场枪毙了。据店里人说，自氏太太人太老实，不能管束下人。这位方姨太太人极其能干，但是到这里不久，又经过乱后，所以秩序还没有恢复。

我从腰店子走，二十分钟就到了苦竹。村子四围有土筑的城墙，墙上站着有拿枪的士兵。但是我并没有受任何的盘诘就一直走到衙门前面。老差人指着对我说道，"委员，你看这座衙门，多么阔绰。房子都砌在山上；从大门到后门，一共九进，一进比一进高。听说是仿照九重金銮殿砌的！"我抬头一看，果然是一个绝大的衙门，比会理县署雄壮得多。于是找着号房，拿了我的官衔名片和云南都督府给我的护照，一齐拿了进去。不一刻他跑了出来，说声，"请！"一面把正门一齐开了。从大门，走上大堂，二堂，穿过中门，到了第四重的厅上，看见一位二十多岁的妇人，前后十几个差役簇拥着，迎将出来。见了面作一个揖道："委员从京城里来，很不容易！恕我不知道，没有出城迎接。"一面让我到客厅东房坐下。我再细看她：头上盘着青色的锣锅帽，身上着一件青布的大袖长袄，下边束着百褶裙子，身材在五尺一寸左右，一双天足，鹅蛋式的脸，雪白皮肤。眉毛虽不很细，却是弯长；眼睛虽不很大，却是椭圆；鼻梁虽不很高，却是端正；嘴虽不很小，嘴唇却是很薄很红，加上一口很整齐的白牙，不擦粉，不擦胭脂，是我生平所见东方人中少有的美人。她一面拿我的护照看着，一面说道，"委员原来是要到东川看铜矿去的。从此地到东川，要经过鲁南山。我们夷家的孩子们不知道委员是什么人，也许要得罪委员呢！""我正是因为如此，所以才来见太太，请你帮忙。"她笑着说道，"不要紧的。我派几个人送送，就没有事了。"她又看了我几眼，再向外边一望道，"委员走这么远的路，怎么只带着两个空身人，难道没有行李吗？""我的行李上前先走了。我今天要住波罗塘。请太太立刻派两个人和我同走罢。"她答我道："哪有这样的道理。委员是贵客，好容易到我们这里来。我无论如何，也要请委员住一天。我还有许多话要告诉委员呢。"她也不等我回答，就喊着道，"派人向前去把丁大人的行李追回来！"我眼看见走不成了，就拿我的片子，写了几句，叫他们把随身要用的东西拿几件来，其余的行李留在波罗塘等我。

她于是告诉我道，"这几年来，我们吃尽苦头了。委员从京城里来，我正好诉诉我们的冤枉。会理原来有六大土司：普隆土司姓沙，黎溪土司姓自，其余的苦竹，披沙，者保，通安四处，南到金沙江，云南禄劝县界，北到西昌县阿都界，东到洼乌，云南东川巧家界，西到姜州，南北六百多里，东西三百多里，夷家一万多户，都是我们禄家的地方。这四个土司衙门原来是四房分管的。光绪年间，三房都绝了后，一齐归并到我们通安这一家来。先夫禄少吾在的时候，收租要收一万多石粮食。委员只要打听，他是极其奉公守法的土官。光绪末年，大凉山夷家造反，先夫奉调去打了三年的仗，先后折去一千多兵，垫了三十万两银子的饷，因功升为副将。不幸在凉山受了潮湿，得病回来，于光绪三十一年死了。只留下我们两个寡妇，一个一岁的女儿。照我们土司家的规矩，女儿也不是不可以袭职的。后来因为有贵州威宁稻田坝的远房本家出来争了继承，我们才呈报会理州，请州官替我们做主。州里批了下来，叫我们母女三个，带了土司的印，到城里去袭职。哪知到了城里，州官就把我们送到宁远府监里！那时候宁远府是陈廷绪，会理州是王香余。他们两个迎合赵帅的意思，把四个土司一齐改土归流。同时派了曹永锡带兵来占据我们的地方。这些兵一到，把我们的衙门里所有的东西一齐抢的精光，并且还要虐待夷民，强奸夷女。于是披沙衙门的士兵为首抵抗，把官兵打退了，还夺下了五十多杆快枪。一直等到宣统三年革命，会理地方上的绅士出来讲和，把者保、通安两处归流，只留披沙、苦竹两处给我和自氏太太分住。只才把我们放了回来！

"最可恨的是会理知州王香余。他三番两次逼我改嫁。委员，请你等一等，我拿一件东西给你看。"她说着就走进里面去。不一刻拿了一封信出来交给我。信是三张八行书。头上说改土归流是已决定的政策，不能变更。接着说她很年轻，很可怜，不能没有归宿。现在有一个马灿奎参将，"虽已有妻室，而两房兼祧，礼可再娶……行将由本州为媒，宁府主婚，不胜于为土司之妾万万哉！"下面签名"王香余"。方太太又说道，"我虽是成都的汉人，但是从小就到夷地，和夷家相处的极好。又岂肯改嫁？改嫁又岂是地方长官所能逼劝的？何况他们害得我们破家荡产，又是我们的仇人呢？王知州也知道自己不对，后来几次向我要回这封信。可是我始终不肯给他，要留着做个证据！"

我安慰她道，"这都是前清的事，与民国无干。现在五族共和，一律平等，决不致再有这种不幸的情事发生。

还有一件我不甚明白。你不是说会理州绅士讲和的条件是把通安、者保两处改土归流吗？何以我上月到通安，土司衙门仍旧存在？难道你们放回来了，就不肯实行这项条件？那么，不是你失信了么？"她答我道，"委员，你到过我们夷家地方的，应该知道土司衙门的情形。每个衙门养活着一百多户到二百户人。每年要多少粮食？讲和的时候我们以为家里存着有几万石粮食。靠通安、者保两个衙门的人家可以安插的，不妨答应把这两个地方改土归流。回到家来才知道家里的粮食早已抢光了。岂但粮食？委员，你看我们这样大的房子，里面家具都没有几件，就知道我们受了多大的害了。如果立刻把通安者保两个土司衙门撤了，手下人没有法安插，一定要出事的。所以我没有法子，只好叫小女孩向会理县长磕头求情，暂时把这两个衙门留着，等到我们休养几年，恢复了元气，再实行撤销不迟。"

我问她自氏太太死的情形。她说是因为小女孩子的奶妈妄想扶助幼主来篡位，勾通了几个下人下这毒手。

说了大半天话，她才站起来，进里面去。最后又说道，"家里什么都不方便，简慢的很。自己不便出来陪客，又没有旁人可以和委员同坐。晚上用饭只好请委员一个人独吃。请委员原谅。"

等她进去了，我才想起要给她照相。叫她下人传话进去。她慨然应允了，就传令排队伍一齐照在相里面。等了一刻，她忽然差人出来说，"太太想自氏大太太死了才三个月，现在服中，照相恐怕不方便，请委员原谅。"

天没有黑，晚饭已经开了出来，原来是一桌"全羊席"。放得满满一桌子的羊肉，羊肝，羊肚，羊肺，羊脑，等等。我一个人吃了几口，就咽不下去。我正吃着饭，忽然看见十几个背着枪的士兵和几个吹鼓手一直跑了进去。问起来，说是太太吃晚饭，照例要站班奏乐。不一刻里面果然吹打起来。我方才知道土皇帝的尊严！

晚间我又把她的巫师叫了来问他猡猓的风俗。他所说的和我在环州所听见差不多。语言也是一样。他的程度比环州的那一位是要高明点。我拿我在环州所得的书给他看。他说是占吉凶用的。我教他翻译几段，他也说不十分明白，因为他的汉话很不高明。他也有几本书，但是他不肯给我。抄写又来不及，只好罢了。

第二天一早起来，我就预备出发。方太太出来给我送行，一定要派二十支枪送我到波罗塘。我知道这种护兵于我工作很有妨碍的，而且波罗塘这边毫无危险，是绝对用不着的。于是我再三坚辞，她才答应只叫他们送我五里，作为她的敬意。此外又派两个徒手的黑猡猓送我过鲁南山一直至岔河。

她拿出一张用蝇头小楷写的呈文交给我，请我带回北京，代呈大总统，请求不要改土归流。她又叫人拉了一匹小红马来送给我骑。我坚决不肯受它。她笑道，"委员，你何必客气。这是你路上用得着的东西。你不要小看我这匹红马。它是凉山种，我常常骑它。走山路异常的稳当，比委员自己的牲口要强的多"。我谢谢她道，"我很知道你的诚意，但是一来我要测量，很少有机会骑马，用不着它。二来现在民国时代，中央的官吏出来，旅费很充足，绝对不能受任何人的礼物，不然就要受惩戒。三来你要叫我同到北京给你说话。若是人家知道我受过你的礼物，岂不是要以为我得了你的好处，帮你说好话？"她沉吟道，"委员既然这样说，我就不敢勉强。"

我临出门的时候对她说道，"我承你招待，万分感谢。临别有几句话奉送。据你说你们过去的土司是没于王事的，这是很光荣的。我希望你不要忘记他的遗志，坠坏他的家声。如今五族共和，大总统事事主张公道，决没有欺负夷家的心事。但听说你所管辖的地方还有许多夷家不甚安分，常常要闹事。日子久了，一定要连累你的。我希望你赶紧的约束他们，恢复秩序，和汉家共享太平。"她直立着，扬起头来答道，"敢不效犬马之劳！"作一个长揖，转身进去。我于是才真正相信她是读过书的。

鲁南山

我于六月十九日离开苦竹。因为和方太太周旋，等护送的猡猓兵同走，一直到九点多钟方才出发。送我的二十个猡猓兵服装和普通的猡猓一样。枪至少有四种：英国的旧来福，日本的九子，德国的老毛瑟，成都兵工厂的五响。此外还杂着有前膛土枪。枪既然是新旧不一，人也是长短不齐。而且并没有官长统率。二十个人前前后后的走着。我刚拿出指南针来看方向，大家就围上来看稀罕。好容易把他们撵开了，他们又在前面遮住了我的视线。走不到一里，遇见一群水鸟，有一个兵竟拿出枪来打着玩儿！这样走着，一点钟走不到四里。我没有法子，再三的叫他们回去，但是言语不大很通，他们只是摇着头，对我呆笑。如是走了三里，我实在受不了了，只好把送我的那个徒手猓猓叫来，厉声的责备他道，"你太太叫人送我原是为好。现在他们耽搁我的公事，叫他们回去，又不听话。以后你太太知道了一定要处分他们的。你快点对他们说我不要他们送了。他们再不听话，我只好回头见你太太去。"这位徒手的猓猓却很懂事，看见我生气，很是惶恐。"他们因为太太吩咐要送五里，所以不敢回去。既然委员不要他们同走，我叫他们早点回去就是了。"于是他用猓猓诂对他们咕噜了半天。这班猓猓兵才对我行一个礼，乱哄哄的向苦竹跑去。

把士兵送走了，我才加紧的工作。幸亏从苦竹到波罗塘一共不过十公里，路又是很平。虽然沿途耽搁也就早早的到了。我的从人看见我带了两个猓猓来做向导，大家都很高兴。尤其是波罗塘的那位乡约。他拍着手道，"这一来可没有事了！委员昨天你的管事的一定要我派人送你过山。李子树的夷家多么可怕。我们如何敢负这样大的责任？现在方太太派了人带路，你只要大胆放心去罢！"话虽如此说，我因为天气还早，要想到附近山上看看，他仍旧是极力的拦阻我，说"白天大路上不要紧。天要晚了，又到山上，是不妥当的。还是小心点的好。"

波罗塘原是大路上的一站，正在鲁南山的坡脚下。我所住的店也还整齐，但是村子里的房屋三分之二以上是破烂的。据乡约说从前因为是在大路上出山的口子，生意很好。

自从宣统末年闹改土归流，猡猓造反，地方遭了大害——破烂的房子都是那时候烧的——现在只剩了三十家子。

二十日的绝早我从波罗塘起身过鲁南山到岔河。我仍然照平日的办法：一个人带一个猡猓向导，一个会理的差人，一个背东西的苦力，上前先走；留一个向导，一个差人护送行李。往日我的从人知道路不远，不必着忙。等我起了身，他们才慢慢的收拾起来。总要到上午方赶上我。那一天路又比较的远；虽然说有猡猓护送，大家都有戒心，所以我走了不多时他们已经赶到我前面去。一出波罗塘就上大坡。从坡脚到山顶一共约为十三里。其中可分为五段：第一段长四千二百公尺，上高五百四十五公尺，坡度为百分之十三；第二段很平，长三千六百五十公尺，上高才一百公尺，坡度为百分之二点七；第三段长一千六百公尺，上高三百十五公尺，坡度为百分之二十，是各段中最陡的一段——李子树的村子就是这段的终点；第四段从李子树向东，长一千五百公尺，上高一百公尺，坡度为百分之六，比较的平；第五段上到鲁南山顶，长一千八百五十公尺，上高二百公尺，坡度为百分之十一。五段之中，第一，第三，第五这三段因为坡度很陡，不但没有田地，而且没有树木。第二和第四段比较的平，坡上有点土可以耕种。李子树的村子正在这二段之间。这两段都种过鸦片烟。六月里天气烟已经收了，但是罂粟的茎子还都还留在地里。民国三年是禁烟最严厉的时期。尤其是在云南，凡种烟的无论多少都是要枪毙的。李子树是猡猓地方所以才敢犯禁。

从波罗塘到鲁南山顶地质极其有兴趣。因为路很远，又不放心，工作不能十分精细。走了将近十公里，上到第三段的陡坡，才不过十一点多钟。做乡导的那个猡猓向路右指道，"这就是李子树！"村子离路边不过几十公尺，我们悄悄的走过去，并没有看见人。我心里暗想道，"走过李子树，没有惊动一个猡猓，大概今天可以没有意外了！"正想着的时候，对面来了一位裹着头被着毡的猡猓，当路站着，用汉话问道，"你们来有什么事的？"背仪器的夫子不等我开口，就回答他道，"我们是来查鸦片烟的！"——他因为上坡的时候看见地里有罂粟茎子，所以给他开玩笑。他忘记了在猡猓地方玩笑是开不得的。我一听这话，就知道要出乱子，连忙的分辩道，"你不要听他胡说。他是给你说笑话的。我是北京来的委员到东川去看铜矿的。"他听了这话，也不理会，立刻向李子树村子里走去。我知道事情不妥，赶紧的上坡，但是路既然不好走，又还要测量，不能走得很快。等到上到鲁南山顶，已经有二十几个猡猓拦路站着，在李子树遇见的那一个也在其中，大概他们从村子里走小道先上山来等着我们的。

　　第一次遇见我们的那一个猡猓指着背东西的夫子说道，"他说是来查鸦片烟的。"一个年纪最大的向我问道，"你们究竟是来做什么的？"我看着他们虽然有二十多人，手里却没有任何的武器，心里就安了大半。"我是到东川去看铜矿去的。这个夫子他看见山坡上有烟茎子，所以和那一位说笑话。请你们不要理他。""你们不是一起的吗？他的话怎么和你说的两样？"我拿出护照来道，

"我有云南都督府的护照。上面说得很清楚，我是来查矿的。与鸦片烟没有关系，"他摇头道，"我们夷家不认得字。"我只好向我的向导说道，"我来查矿，你太太是知道的。你拿夷家话对他们说说。"他果然用猡猡话同他们咕噜，但是说了半天，没有结果。二十多人仍旧把大路拦着，不放我过去。

我从昆明出发的时候，一个军界的朋友借了我一支"盒子炮"。我沿路从没有用着它，但是常常把它带在身边，寸步不离。为首的那个猡猡指着我那支枪道，"十响毛瑟，顶好的枪。你肯送给我，我们放你过去。"我心里很踌躇。论起来一支枪不算什么，拿它做买路钱总算是便宜。但是他们没有武器，我有它还有抵抗的希望。把它送了出去，他们有枪，我是徒手，岂不是更危险吗？安见得他们不是要先缴我的枪再要我的性命呢？如此一想就决心不给，"一支枪不要紧。送给你们本来是可以的。不过我这支枪是向云南都督府领来的。回到省城还得缴回去。送了你们，我就交不了差，所以对不住不能送你。"他们交头接耳说了半天的话，拿手指指枪，拿眼睛看看我，依然不放我走。

我只好对着我的猡猡向导说道，"你太太原是怕他们麻烦，所以才叫你送我。现在他们要我的枪不放我走，你怎么不想法子。要是我走不了，我只好回到苦竹去，见你太太。那时看你怎样交差！"他满头流着汗，面色都变了，悄悄对我说道，"委员，你走远点，到那边山头上去看看。等我一个人慢慢的对他们讲。"我依着他的话，离开大路向南几百公尺，走上一个小山，索性把一架经纬仪拿了出来测量四围的高山。我所在的地方出海面已经有三千公尺，所以望得很远。向西不但看见从会理来的大道，而且会理西北的龙爪山也看得很清楚。东面虽然看不见江底，江的深谷却已经在望；谷两旁都是三千公尺以上大山，南北横亘着。我东西眺望不知不觉忘却了处境的危险。但是半点，一点钟以后，还不见猡猓乡导来到。向北一望，二十几个人仍然在原地方站着，心里未免发慌。只好故作镇定拿着显微镜东张西望。又歇了半点多钟，方才看见岭上的人慢慢的散了。猡猓乡导飞跑上来。见了我拍着胸脯道，"都被我赶走了！我们太太吩咐了话，他们敢！"

　　我连忙的收拾仪器预备下山。又照了一个相把我自己和那位乡导都照在里面。刚下去不到一公里，看见会理的差人，被一个骑马带枪的人拦在前面。我心里想，"这一次恐怕逃不过了。"因为那个人背的是一杆长枪。走到面前方才知道，他是赶街子回来的，看见差人背着照相匣子要求我给他开开眼界，并没有什么恶意。我又敷衍他好几分钟，方才跟跟跄跄的向山下跑。山东坡的路，因为多年不修，沿路横着大石块，比西坡还要难走。从山顶到坡脚河边十公里路，共下降七百多公尺，天已经完全昏黑。顺着河向下还有两公里半才到岔间村子，而路沿河边走，来往要过几道水。黑地里很是危险。正在没有办法，忽听见有人喊叫，而且看见灯光。我们同时答应，不一时灯光来到，是我的从人派人拉了马打着灯来接。骑上马两个人扶着安全过了几道水，将近九点才走到宿处。我那当差的

第四编　游记

·203·

早已经急坏了。问起他来方知道行李过鲁南山的时候也遇见猡猓。因为护送的人解释，没有丝毫的困难。足见得我的麻烦是夫子要冒充查鸦片烟惹出来的。我当差的又说，"今日岔河赶街子，我数一数街上有三十多杆枪。差不得上街的人没有一个徒手的！"

过了岔河，我又走入云南省境。从此只有在威宁曲靖两处在猡猓的家里过了两宿，无甚可记。一直到民国十九年到贵州大定才再和他们接触。据岔河的人说，禄土司年轻的时候也很好胡闹。晚年却很守规矩。自氏太太是个无用人，所以为人害死。这位方太太却大不同。来到苦竹没有三个月已经枪毙了十六个人，所以人家很怕她。

我于民国四年回到北京，把方太太交给我的呈子，送了上去，请部里转呈。哪知道部里的长官把原呈发还，说不是本部所管，不必多事。同年夏天，通安土州有人来说会理县长又与苦竹土司冲突，已经请兵去进攻。以后结果我没有打听。不过近来披沙已经设了新县，恐怕方太太就是尚在人间也不能再做女土皇帝了。我现在把她的原呈附在下面来做本文的结束：

世袭苦竹土千户职妇禄方氏报为沥陈衷情，敬叩大总统宏恩电鉴，赏还疆域，淑愿攸分事。窃职氏夫禄绳祖承授祖德宗演，历功昭著，传袭会理县属沿边四署：披砂，者保，苦竹，通安。各设头目家丁，遵理旧制宪书，茯苓贡马，约束夷众，管辖生番。自前清雍正康熙初年，始祖禄鲁姐率众投诚，招抚番蛮，镇靖乌蒙东川等府夷虏有功，世世罔替，袭裔数代，无异继职。至氏夫绳祖禀请接铃任事。迭奉大宪札调，自备兵饷，办理宁远府属凉山乾象营，石板沟，昭觉县各寨夷蛮，猖獗忒甚，出没无常。氏夫督军剿贼，折兵千余，费粮饷叁拾余万，均由自垫。蒙军督大宪隆恩知遇，奏升副将，仍令威镇边陲。不料骤办三年，因染潮湿痰瘵，于光绪三十一年回籍夭亡。遗留一女，仅存嫡庶，抚鞠孤女。选议威宁家族稻田坝抱子承祧，禀恩就职，慑服夷众。陡遭宁远陈守廷绪，会理州牧王香余巨测滥政，仗权压治。将氏嫡庶及禄祯祥拘留宁狱，勒缴铃记，家私抄没，并将孤女天祥改名刘龄。庐田坟墓，掘骨抛尸，数代灵牌宗祠毁化。派委曹永锡率兵役霸收租润，纵兵奸淫夷女，酷虐佃户，蹂践不堪。家丁概行驱逐，土署家资，尽被抄掠侵蚀。可怜一家之患而延万户。且又逼氏再醮马灿奎。如氏不允，守牧定要治罪。氏本坚笃忠贞，矢誓不二，惟死无憾，遂绝奸念。氏嫡庶只以朝夕涕泣，谅无生期。幸值。

大总统命令，五族共和成立，则荷　川蜀隆遇，解释禄祯祥并氏嫡庶孤女回籍，恢复旧业。氏即聘员演说四凉山敬教新学，各守本分，稍有归化气象。是年旧历二月十四日，惨遭奸人毙窦，附合逆奴弑嫡。氏接凶耗，星夜兼程数百里，聚团平乱，办获十余逆正罪，以清九原冤魂。迨　蒙会理县萧知事清慎廉明。查氏弹压夷虏有方，秋毫无犯，悉氏甘苦备尝，详请四署给还，准氏继职抚孤，抱子承祧，禋祀宜续。况夷人各认有主，历服世职抚驭，若以威胁，断不服输。惟有匍匐俯恳大总统镜察昭雪，悯氏抚孤劳瘁，电令川督赏还职妇全幅疆域，致免李代桃冤而祸桑树。不但众夷民咸慕来享来王，暨氏生生世世顶祝千秋不朽矣。特为缕诉，伏乞

大总统台前，赏准昭察原宥瞻依之至。须至报者。

金沙江

江的南岸——武定元谋

最早知道金沙江是扬子江的上游的是徐霞客。他的《江源考》说的最明白："发于南者（指昆仑之南）曰犁牛石，南流经石门关始东折而入丽江，为金沙江；又北曲为叙州大江，与岷山之江合。"他于崇祯十一年（一六三八）十一月十一日到武定，十二月一日到元谋的官庄。他走的路和我的大致相同。可惜从十一月十一日起到十一月三十日止他的游记残缺，他对于金沙江的直接观察，已经没有记录存在。他的朋友季梦良听见跟徐霞客同走的顾仆说："至武定留憩于狮子山，遍阅名胜。乃至元谋，登雷应山，见活佛，为作碑记，穷金沙江，由是出官庄。"

狮子山在武定城西四公里，高出武定城四百公尺。

庙在山顶下六十公尺。庙门口有一个大牌坊：外面题的是"乾坤双柱"，里面是"此中有真意"。庙修得很整齐。大殿的扁额是"大雄宝殿"，里面是供的佛像。大殿后面，比大殿高一层的是后殿。后殿的题额是"帝王衣钵"。中间有三个像，当中是建文帝，两边两个像不知姓名。左边一间供着冯潅，史仲彬，叶希贤，程亨，严震五个人的牌位，左边一间供的是沐晟，焦云，杨应能，程济，郭节，黄直。大殿前面右边一株茶花，左边两株柏树都说是建文手植。庙附近的一个泉也说是建文发见的。出了庙门上山，半路上有个破败的阁子，这叫作"朱君阁"。阁子下面是玉玄关。阁前面石头上刻着"云重石门"四个字。再上又有一个小阁，也供着建文的牌位。西南几省，关于建文的神话很多。可惜徐霞客的游记对于这一部分残缺，不知道当日是否已经如此。

　　从武定到金沙江大路是走石腊他，向东经马头山到元谋马街，再向北到金江驿过江。我因为要到环州，所以于五月十日从石腊他岔路向西北。走不到十公里，经过杨家村西的大岭，高出海面二千七百六十公尺。从峰顶向北，已经望见金沙江。江水出海面不过一千一百公尺，比我在的高峰要低一千六百多公尺。比从泰山顶上看汶河还要高二百公尺，而江面离我所在的地方不过二十多公里。从南向北的坡度在百分之六左右。从峰顶北望，只看见一条条的深沟狭谷，两边的峭壁，如刀切斧削的一般。加之岩石全是红绿色的砂岩。与远望见的红黄色的江水，两相映照，真是奇观！

　　我从环州往鸡冠山到苴宁，要经过洋铁坡的大岭。高度为二千八百公尺，而离江面不过五六公里。向北的坡度为百分之二十四。从洋铁坡向西下到苴宁的平原，不到十公里，高度相差一千五百公尺。平均坡度百分之十五。所以路极其难走。加之越向下走，温度越高：下到山根，早上十点钟，寒暑表已经高到摄氏三十二度以上！比环州要高十六度。

　　苴宁平原南与马街，元谋相通，北到金江驿，坡度也是很平。从金江起到马街以南十五公里止，共长三十多公里，宽半公里至十公里。从马街到金江驿二十公里，高度相差不过一百公尺，坡度不过二百分之一！金沙江深谷边上忽然有如此的一个平川，是地理上极可注意的一件事。平川中间的水叫作龙川河，发源于楚雄以南的南安州。水源距马街一百公里，而高度相差不过七百公尺，平均坡度不过千分之七。从南安向南就到红河的支流的发源地。这种支流与龙川河之间的分水岭高度很低。现在的龙川河的水量很小，不能冲出如苴宁平川这样的宽谷。足见得在地质史上苴宁平川不是龙川河所独有的谷。我的意见是从川边来的鸦砻江，与龙川河，红河本来是从北向南的一条大江。以后鸦砻江的水被自东向西推进的扬子江抢了去了。于是鸦砻，龙川，红河就变成功三条不相通的江。

　　一到了苴宁平原，温度太高了，工作就发生困难。我在平原里几天温度的纪录如下：

地点	年月日	时间	温度
水井田	三·五·十六	下午二时	三五·八度
苴宁	三·五·十六	下午九时	三一·〇度
苴宁	三·五·十七	上午六时	二六·一度
普墩	三·五·十七	下午三时三十分	三九·〇度
怕地	三·五·十七	下午八时	三三·四度
地点	年月日	时间	温度
怕地	三·五·十八	上午六时	二七·〇度
苴宁	三·五·十八	下午六时	三二·六度
苴宁	三·五·十九	上午六时	二六·四度
海螺	三·五·十九	下午六时	三六·〇度
海螺	三·五·二十	上午六时	二七·五度
金江	三·五·二十	下午六时	三七·五度

　　看上面的纪录，下午的温度比人的体温还要高。不要说工作，躺在床上都烦闷的难受。只有五点钟起来，六点出发，勉强做工到十点。一过十点，只好休息。休息也是很不容易。在苴宁，是住在学堂，怕地是住在庙里的。到了海螺和金江都是住在乡下人家里。在海螺还好。在金江这一家，院子里是一大堆粪。太阳一晒，臭不可当。尤其可怕的是苍蝇。我生平走遍天下，没有看见哪一处的苍蝇如苴宁平原里那样的多。我要想看看书，书上，头上，手上眼镜上都是苍蝇。开上饭来，立刻碗上盘子上聚得乌黑的一堆。没有法子只好赶快躲到行床上帐子里去。直等到太阳落了，才敢钻了出来。一看放在桌子上的儿本书，几张画图纸，都变成深粽

第四编　游记

色的；原来苍蝇给我铺上了密密的一层粪点！等到晚上九点钟，温度依然在三十度以上，要想睡觉也很不容易。

气候虽然如此不良，土地却是异常的肥美，所以人烟很是稠密。马街苴宁都是平原里的大村落，住户都在一千以上。元谋的县治原在马街的东南。自从杜文秀乱后县城残破了，县衙门就移到马街。一般的人就把马街的名字来替代元谋。我到苴宁的那一天，正逢赶街子。六点钟街上还有一千多人未散。我从苴宁到怕地绕道到马街去见元谋县长。他极力夸说他这一县的富庶。怕地在苴宁南十公里。西面一公里是以前有名的铜矿，我去的时候已经衰歇。

苴宁平原不但现在农业很繁盛。有史以前大概就是"好地方"。因为民国十六年美国人奈尔生曾在马街的北面同东面发见了新石器的痕迹。据奈氏给我的信说时代与河南的仰韶时代相当，是新石器时代的最上部。因为他虽然没有发见得彩色陶器（仰韶时代的特点），所得的石器可以和仰韶石器比较。其中有半月式的石刀，中间有两个小孔，尤其与仰韶的相同。

天气如此酷热，洗澡又发生问题。在云南省内，因为气候很温和，大部分人没有洗澡的习惯。笑话云南人的说他们一生一世只洗三次澡：生出来一次，结婚一次，死的时候一次。这话虽然是过分，但是民国三年我在昆明就没有找着浴堂。外州县也从来借不着浴盆。热得受不了只好借他们的脚盆，仿照广东法子来"冲凉"。只有从苴宁向怕地，路上经过鲁墩，村子西面有个温泉。虽毫无设备，而且经过许多有皮肤病的人洗过，水很不干净，我遇见着如获至宝，不客气的脱去衣服，痛洗一顿。到了金江那一晚尤其酷热。太阳一落，我就跑到金沙江边上脱去衣服浸在江水里。我的厨子，马夫，仆役，都极力拦阻，说是要生病的。我不理会他们。不多时一村子的人老老少少都走到江边来看稀罕。"江水里怎么可以洗澡？不怕受凉罢？"直等到我回寓睡觉了，还听得房主人在那里议论："委员真正自在！当着许多人，脱了衣服就下水，也不怕人笑话。"

金沙江在金江驿这一段江身很窄，水流很急。我用单简的方法测量的结果：

江宽	二〇〇公尺
江深	二至二·三公尺
水流速度	每秒五公尺
江水流量	每秒二，〇〇〇立方公尺

所以江面虽不宽，水也不很深，而因为速度很高，所以流量也比较的大。我测量的时候是五月二十日。那时候夏雨没有下，是比较的小水时期。照最近的研究，扬子江下游的水量平均为每秒六万立方公尺。如此则我所量的数目，才不过下游平均数的三十分之一。

江的北岸——会理

金沙江从巴塘的西面一直向南入云南。到了鹤庆的东面，才转弯向东；如是弯弯曲曲的走到禄劝的北面普渡河口，又转而向北，一直到宜宾（叙州府）。所以在云南四川两省交界的地方，金沙江是一个极大的马蹄式的湾子。湾子以南，以东，以西都是云南。湾子以北除去了永北仍属云南外，都是四川地方。我过江的地点，金江驿（又叫做金江龙街）在北纬二十五度五十五分，是金沙江最南的一点。

湾子以北的大支流只有一条鸦砻江，从川边的河口向南，在会理的西面流入金沙江。鸦砻江的重要支流是安宁河；从冕宁的北面发源，经过西昌（宁远府），一直向南，到会理龙爪山的西南与鸦砻江会合。安宁河的河身很低，土地很肥美，就是著名的建昌谷。我足迹所经完全在安宁河以东，云南巧家县以西，都是会理县所属。在这个区域以内地形很有兴趣：安宁河以东，会理县城以西，有一条南北的大山，高度平均在三千公尺。其中最高的峰就是龙爪山，高出海面三千八百公尺。金沙江从巧家县向南，西面也是一条南北的大山，高度平均也在三千公尺左右。鲁南山就是许多高峰的一个。鲁南山的南面的最高峰比龙爪山还要高六百公尺——出海面在四千公尺以上。在鲁南龙爪这两道大山之间是会理县的盆地。盆地中有许多小山，平均出海面不过二千公尺——比东西两边的大山平均要低一千公尺。盆地中间只有两条重要的水道：一是发源于会理城北，经过县城向南的普隆河；一是发源于城东，经过波罗塘向南的姜州河。这两条河都直接流入金沙江。

对于鲁南龙爪这两道大川而言，会理是一个盆地。对于金沙江而言，它却是一个高原。因为金沙江在这个盆地里面冲出了一条很深的峡谷，比会理又要低一千公尺。

盆地中的姜州河和普隆河，在上游谷身很浅；越向金沙江走，谷身越深。如普隆河在离金沙江二十公里的会理城附近，出海面是一千九百公尺。到离金沙江六公里的普隆河村子，只有一千二百多公尺。鲁南山，龙爪山，会理盆地，金沙江的峡谷是金沙江北岸地理上的天然单位。

　　我于民国三年五月二十一离开金江龙街，渡过金沙江。在江南岸因为苴宁平原与金沙江的峡谷是连接的，所以从苴宁到金江驿路是很平。一过金沙江向北走，要从峡谷走上会理盆地，所以路比较的陡。从江底上坡，又可分为两段：第一段从江边到坡脚村，七公里左右，上高不过二百六十公尺，坡度为百分之三点七，和平绥铁路从居庸关上八达岭差不多，比较的还平。第二段从坡脚村经过火焰山到坡顶，路不过二点七公里，却上高七百公尺，坡度为百分之二十五以上，是一个很陡的大坡。这两段的坡度如此的不同，在地文上有绝大的意义。坡脚村是在金沙江岸边的一个平台上。在不远的时代，金沙江的水面曾经与平台一样高，现在的金沙江是一个两重的峡谷。从坡顶到坡脚是一重，从坡脚到江面又是一重。一过坡顶路忽然的变平坦了。向北走二四点公里到江驿，上高不过十六公尺，又四点五公里到界牌，上高不过一五二公尺。所以从金江驿向北走一到坡顶，已经上到高原上了。高原与峡谷的关系看了下列的表更容易明白：

地名	距江边公里数	出海面公尺数	坡度（百分率）
金沙江	〇	一，一四三	

坡脚	七·〇〇	一,四〇五	三·七
坡顶	九·七〇	二,一〇四	二五·九
江驿	一二·七〇	二,一一九	〇·六
界牌	一七·二〇	二,二七一	三·三

江北的地方虽然大部分属四川,而川滇两省的界线却不在金沙江,而在界牌。前清时代江驿有个巡检衙门。巡检仍是由云南派的。

峡谷与高原地形既然不同,气候也完全两样。从金江起身过江。早上六点钟温度已经到了二十八度,上坡的时候,汗流如雨。从江边到坡脚,幸亏坡还不陡,但是七公路,走了两点半钟方才到着。九点钟以前温度已经过了三十二度。坡脚以上的两公里多,是一个绝大的陡坡。牲口与人都走得极其疲乏,从坡脚到坡顶半路上有个村子,叫作火焰山,就是表示在温度很高的峡谷里面上陡坡的困苦。然而一过火焰山,温度渐渐的降低下去。到了坡顶,十点多钟,温度只有二十七度——比在金江六点钟的时候温度还低。走路的人犹如从地狱到了天堂!

对于金沙江峡谷而言江驿虽然在一个高原上,但是向西是一道南北的山脉,对于它而言,江驿却在盆地。我从江驿离开了向北的大路,直向西走,不过一公里多点,就到了山根;再走一点八公里就到了山顶。山顶不过高出江驿四百二十公尺,但是望得很远:山的本身是一条南北(稍偏东西)的梁子,有二十多公里长。最北的一段,比较的更高。大路上的松坪关就在它的东南。山的东坡新发见了铜矿。最旺的矿苗在松坪关西的野猪窝。山的东面，是一片低地，其中只有小的丘陵起伏。西南的两面都被金沙江环绕。江从北向南。一直到了金江驿的西面，才转了向东。江外望得见著名的左伕方山。从山顶下望，看得清清楚楚金沙江在平的盆地上面冲出了一条一千五百公尺的深沟。

从山上下来，经过绿水河，绕道去调查了野猪窝的铜矿，方才到松坪关。从云南到会理州的大路从此一直向北，我因为要先到通安州去看铜矿，就从松坪关向东北七点六公里到钱马沟，再转向东下到普隆河。由松坪关到钱马沟路是很平。从钱马沟向东走了一点八公里，路又向下。第一段从坡顶到凉水井的西面三点九公里，共下一五五公尺，坡度不过百分之四。再经凉水井，半坡下到普隆河，五公里有零，共下六百六十公尺，坡度为百分之十三。从普隆河向东北上坡，也是五公里方到坡顶。坡顶与普隆河的高度相差六百八十公尺，所以两岸的坡度完全相同。从钱马沟东面的小山上向东望普隆河正与从江驿西山望金沙江一样——也是一个平平的高原忽然冲开了一条峡谷，不过普隆河的谷只有八百多公尺深，抵不上金沙江的伟大而已。

从普隆河到通安三十公里，路完全在盆地里面。通安南到金沙江不过十公里，所以向南流的水河身很深。在通安将军石铜矿北面的乍车河，离通安不过五公里，河身已经在一六〇〇公尺以下。我于五月二十九日由通安到鹿厂，又从鹿厂经凤山营到力马河的青矿山看镍矿，然后回到鹿厂，再向北到会理县城。会理盆地北到白果湾，西北到龙爪山脚，东到波罗塘，南到江驿。东南到通安，东西平均三十六公里，南北一百公里，面积三千六百平方公里。除去了凤山营以北的鸿川河，鹿厂以南的代石沟，和波罗塘的大河以外，深谷没有在一千八百公尺以下的，高山没有到二千五百公尺以上的。气候很温和，土地很肥美，是川南万山中的乐土。

从鹿厂到力马河的一段，还有特别叙述的价值。严格从地质上讲起来，会理地盆，到鹿厂以西已经尽头了。从鹿厂经凤山营西南到青矿山，地形上好像仍然是会理盆地一部分，其实地质上已经发生复杂的变化。最奇怪的是凤山营北的鸿川河距金沙江很远，而河身特别的低——出海面只有一千七百多公尺。不但比普隆河的上游在会理城附近的一段要低一百五六十公尺，而且比普隆河中段也还低六十公尺，而鸿川河的水源很短，现时的水量也不大，不应该有这样的深谷。我的意见以为鸿川河现在虽然变为普隆河的支流，以前却是安宁河的一部分。安宁河发源于冕宁的北面，完全是一条南北的水。到了龙爪山西面，撒连村以南，忽然改向西流，与鸦砻江会合，是很不自然的。在安宁河改向西流的地点，有一条自南而北的支谷，叫做乌梭沟，流入安宁河。它的南面的源头与鸿川河的发源地相隔不过一个二千多公尺的分水岭。以前安宁河，乌梭沟，鸿川河，普隆河原是一条自北向南的大水。以后因为鸦砻江的水大谷深，安宁河的水被鸦石龙江的一条东西支流向东推进抢了去了，所以乌梭沟改向北流，变为安宁河的支流，而鸿川河变为普隆河的支流，正如我以前所讲的鸦砻，金沙和红河三条水的关系一样。

鸿川河在凤山营的北面有一座铁索桥。桥是九根铁练子所造成的。练子两头扣在安入石头里的铁柱子上。练子上面铺得有木板，两边有栏杆。人和牲口都可以安然的通行，不过走得急的时候，桥身全体摇动起来，颇有点可怕。

在凤山营西南十一公里的青矿山，是中国惟一的镍矿。谁都知道汉口出白铜器，所有的白铜水烟筒，烟头，烟嘴，以及痰桶，面盆之类的器皿都是在汉口造的。从前做这种物件的原料是"云白铜"。现在早已改用德国来的洋白铜了。所谓"云"者是指云南。白铜是镍和铜的合金品。其实云南只出红铜而不出白铜。以前的白铜完全是从会理的青矿山产生的。因为从会理运到汉口是利用云南的东川昭通运铜的大道，所以汉口人都以为是从云南来的。青矿山的矿石平均含镍百分之二，是一种富于基性的火成岩。但是以前中国人并不知道有镍，只知道用红铜来提炼就得到白铜和青铜。提炼的方法极其复杂。据一个老工人对我说，提炼的手续如下：

（一）坐窝　用的炉子与西南普通炼铜的炉子一样。但是炉子的底部有一个五寸深，一尺径的"窝"。窝的上面涂得有木炭灰。然后把一千斤矿，加上五百斤从小关河来的白石头放在炉里。用礁炭生火。费时一昼夜，礁炭五百斤，第一步完成。除去流掉的渣子外，可以得到二百到二百五十斤的硫化金属两种。在下部的叫作"海底"，在上部的叫作坐窝。

（二）头火　用磨碎了的"坐窝"一百二十斤，加上六十斤木炭，放在一个用木炭生火的小炉子里面。六个钟头以后得到所谓"头火"七八十斤。

（三）毳火　用的炉子是一个浅坑。坑前面生得有火。再用风箱把火焰吹到坑上。坑底用木炭灰涂过，然后放上十斤"头火"，盖上木炭。两点钟以后，除去渣子少许以外，得有六斤"毳火"。

（四）过火（又名溜火或是化火）炉子与毳火一样，但是还要小点——只有三寸深，六寸径。放入十二斤毳火，用十斤到十五斤木炭烧三刻钟，可以得到六斤"过火"。

（五）老铜　用三斤半毳火，一斤半过火，六斤半红铜，熔成所谓"老铜"。

（六）青板　用五十斤未经炼过的矿砂，加二十五斤次色红铜，三十斤石灰石放在和"坐窝"一样的炉子里面。三十六至五十小时以后得到所谓"青板"。

（七）金铜　把"坐窝"所得的"海底"放在"毳火"炉里提炼。五六次以后，原来的"海底"只剩有百分之一的重量。这叫做金铜。

（八）青铜　用金铜半斤，青板三斤半，红铜三斤半，老铜〇点七斤，铅〇点〇二斤混合放在五寸深，五寸径的泥罐子里面。罐子是白云山来的黄泥做的。罐子中间是一个空心柱子。各种物品放在柱子的四围。再盖上木炭。三十分钟以后，合金品如开水一样的滚了。然后把盖的木炭去了，加上炉灰，放在凉水里。

（九）白铜　完全与制青铜一样，但是不加金铜。

青铜白铜都是最后的出品，可以直接到汉口出卖。以前每一百斤成本在银四十两左右。加上运费至少要卖到七十两一百斤方才合算。自从前清光绪初年，因为洋白铜进口，汉口的青白铜逐渐的跌价，炼青白铜的人都亏了本。到了光绪十三年就完全消灭了。当我到青矿山的时候，所有的老井已经完全湮没。只看见还有极多的贫矿堆在井的旁边。矿东一公里的元贞炉村和村北的街子已经成了瓦砾。只有一个极大西岳庙还没有完全倒塌。村子是在力马河的边上。河两边有竹子，芭蕉，是会理盆地里不常见的植物。

　　青白铜以外，会理南的鹿厂和东南的通安都出红铜。两个地方的铜矿性质很不一样：通安的是很富的脉矿，但矿量大小不易决定；鹿厂的是成层的贫矿，矿量较有把握。比起最有名的东川铜矿来，只有希望好点。因为交通不若东川方便，开采年数较少，霞头和潜水以上的矿还有相当的存在。可惜从会理到成都是三十二站的山路。到昆明虽只有十五站，而要经过金沙江，上下一千多公尺，没有法子可以改良运道。不过铜（尤其是镍）是贵重的金属。在较远的将来或者还有发达的希望。

东川巧家（上）

　　会理盆地的东边到坡罗塘为止。从此向东，上鲁南山就走到金沙江的西岸。我前面已经说过金沙江在四川云南交界的地方是一个马蹄形的大湾子，马蹄的缺口向北。我从金江驿向会理是在湾子最南的一点过江。现在从鲁南山向东，又走到马蹄湾子的东支。

从鲁南山到江边直线不到四十公里，其中却隔着从东北到西南的四道山：第一道就是鲁南山本身，高出海面三千公尺有零；第二道是望乡台，比鲁南山还要高二百多公尺；第三道是大银厂，高度和望乡台相等；第四道是大麦地梁子，高度也在三千尺左右。鲁南山与望乡台之间是岔河的谷，在岔河村的上游高度约二千至二千四百公尺。望乡台与大银厂之间是炭山沟，沟身与岔河相仿。这两条河在岔河村的东面会合，同向东流到大桥村，再会从北方来的水向东南流，在象鼻岭的对面，入金沙江。大银厂与大麦地之间是铁厂河的支谷，在铁厂附近深不过二千一百公尺，但是铁厂河本身向在南流，穿过大麦地梁子，在沙坪子与金沙江会合。

上面所讲的地形，最足以注意的是各山各谷的深度大抵相等：山在三千到三千二百公尺；谷在二千到二千四百公尺。假如我们能用土把谷身填上一千公尺左右，这一带的地形就变为一个简单的高原。不但如此，这几座山顶上的地层全是平铺着的，山之所以成山完全是水的作用。这就是说，未成山以前原本是一个高原，以后流水冲开了这几条一千多公尺的深谷，谷与谷之间的高地统成了"梁子"。所以尽管各山好像是平行，实际上不成所谓山脉。尤其是铁厂河的支谷很短。大麦地梁子和大银厂在西南方面互相连接，平行的形势更不显明。

上面所举的几条水都是金沙江的支流。距金沙江不远的地方它们的谷身还有二千多公尺，而金沙江本身出海面不过七百多公尺！例如铁厂河在铁厂的高度是二千一百公尺，东南十六公里到沙坪子入金沙江高度只有七百三十公尺。平均每一公里低九十公尺。这还是就比较大支谷的平均谷身而言。若是以谷两旁的山计算，距江水三公里的地方还有两千公尺，从山到江，每一公里低五百公尺，坡度为百分之五十！

这又是地形上很重要的特点，就是金沙江的谷身是两重的：第一重出海面二千多公尺，比山地低一千公尺，面积比较的平广；第二重是在第一重谷里面所凿成的一千三百尺的峡江。

这是江的西岸。江的东岸情形也是一样，但是表现得更为明显。金沙江与东川（会泽县）岔地之间有一条很重要的支流叫作小江，发源于寻甸。从南偏东向北偏西流，在东川西二十五公里象鼻岭村的北面入金沙江。小江的东岸是一道南北行的高山。最高的峰叫作古牛寨，出海面四千一百四十五公尺，是滇北最高的山。从古牛寨向西到小江不过十公里，而小江比古牛寨要低三千公尺，平均坡度在百分之三十。这可算是中国最深的峡谷——比美国著名的高老拉到（Colorado）大峡谷还要深一千三百多公尺。

从小江入金沙江的地方向南三十公里又是一片大山，东西长三十多公里，南北也几十公里。山顶各峰平均在四千公尺左右。山以东是小江，山以西是普渡河，都是金沙江的重要的支流，而因为大山的间隔，两条江之间，完全没有交通。譬如从禄劝县到东川，不是下到金沙江再顺着大山北坡向东（这可要算世界上有数的难走的路），就是要绕山的南

第四编　游记

坡到嵩明寻甸。如此重要的大片山地却没有一定的名称。《东川府志》上有所谓大雪山，风魔岭，罗木山，大概就在这一带，但这都不是山的总名。云南军用地图上把它分作两部：东部写做大雪山，西部乐英山。我测量的时候，土人都叫它为老雪山。我现在姑且用大雪山的名词来代表高山带的全部，因为这是地理上天然的一个单位，应该要有总名，而大雪山与土人所说的老雪山相近。

大雪山以北，金沙以东，小江以西，是一块三角形的地方。三角的底部地形比较的不规则，平均高度在二千五百公尺。三角的上部却异常的平坦——在大山，深谷之中自成一个两千公尺高的平原。在平原中心的安乐箐，拖布卡都是古湖地，地下还出泥炭。而向东，向西，向北，不远都下到小江或是金沙江的深谷，谷底比平原要低一千二三百公尺。因为它南北长而东西狭，北面在小江金沙会合的地方中断，成功一个向北的尖子。土人叫它为象鼻岭，我现在把这个名词推广到这一块高原的全部上。

我于民国三年六月二十日下鲁南山到了岔河。这是属云南巧家的村子。从会理向东川的大路是由岔河向东到大桥再向东南到蒙姑过金沙江，经过江东的那姑到东川城。如此不但路近而且比较的好走，因为蒙姑在象鼻岭的下游，所以只过金沙江，不过小江。二来那姑在东川的西北，已经到了古牛寨大山的北头，山不甚高。但是我是要到东川巧家所属的铜矿上去的。所有的铜矿都在大路的南面，所以不走向东的大路，改了向南经发窝到铁厂。在岔河找人引路竟没有人肯去，——从苦竹官村保护我过鲁南山的两个猓猡当然是要回去销差，不能再送。没有法子，问明白方向沿途走去，一直走到半路上的窄路箐才找到向导。

西南几省，各县的界限往往很不天然。这一县的村子有时陷在邻县的里面，与本县的地方完全不相连续。例如岔河已经属云南巧家。在他东面的大桥反属会理。发窝则附属于大桥的安土司。这都是因为各县的界线原是各土司土地的界线。土司是封建式的地主，所属的土地又因为战争，继承，婚姻，种种的关系，不免分裂。结果是甲土司的属地混在乙土司的境内。这叫作插花，是地方行政的障碍。

云南东山的铜矿全在小江与金沙江之间的三角地带，尤其在大雪山的北坡。惟有铁厂在金沙江的西岸。但是这是各厂中出产最低的厂。我到那里的时候，许多老硐已经衰歇，可以看的东西很少。只有在发窝和铁厂的时候我走上望乡台，大银厂两条梁子顶上测量，地形观察很有趣味。在这两处不但都望得见鲁南山，而且可以看见七八十公里以外在会理西北的龙爪山。向东看的时候江东的大山当然可以看见，尤其是古牛寨大山，高出众山之上，容易认识。大雪山则因为许多山尖高度相等，峰的个体不容易区别。金沙江相距不过二十多公里，都看不见一只能沿大桥河谷看去望见江两边峭壁下削，造成峡江的形势。在大银厂向东望，又可以知道所谓大麦地梁子，已经不是如大银厂望乡台的整齐：大桥河，铁厂河，和南边的一条短的岩坝河把它切成功几段。平均的高度也较大银厂，望乡台稍低。

从铁厂到江东岸铜矿去，应该顺铁厂河向东南在沙坪子过江到拖布卡。我因为听说沙坪子南四公里有个盐井在江边上，要去看看。从沙坪子去，陆地没有路。沿江去是上水，而且在沙坪子未必找得着船。遂决意从铁厂走大麦地小路直到盐井。这条路极其难走，驮行李的骡马恐怕去不得。但是从铁厂到盐井虽是不过二十六公里，从铁厂到大麦地梁子，要上九百公尺；从大麦地到盐井要下二千公尺。沿路还要测量，一天是万万走不到的。半路上人家极少，没有地方可住，一定要带上帐棚。于是把大宗的行李用牲口驮着，一直向沙坪子过江去到拖布卡等着。我自己只带两个骡子驮着帐棚及必需的东西走小路向盐井。第一晚在大麦地梁子顶上打野。上到顶梁的时候天还没有黑，望的很远。向东望得见二千二百公尺深的金沙江，并且看见江中心的石头——著名的将军石和江心石。向南望得见普渡河的深谷。靠江边还有许多绿色的树木，夹着灰色的石头。再上岩石变为红绿色，树木完全没有了。到了对岸的二千公尺，岩石又变为黄色。红黄色的江水在一条狭槽子面流着，两边是一千多公尺的峭壁。真是天下的奇观。

晚间睡在帐棚里，很是舒服，不料半夜里下起大雨来，一直到早起才歇。别的不要紧，帐棚被雨浸透了，异常的沉重，原来的骡子驮不动了。这本是常有的事。寻常都是临时雇人抬。在大麦地雇不出人来，而且要下大陡坡，更是困难。幸亏有两个骡子，都驮得不重。只好把零碎东西解下来，叫马夫和乡导帮着背。一个骡子驮帐棚，一个带驮帐棚的杆子。遇见难下的坡，两个人伺候一个骡子，一个在前面拉住缰绳，一个在后面捉住尾巴慢慢向下移动。路不很远，走了大半天，也就到了。

　　我仍然是一个人在后面走的。走出大麦地，路完全在山脊上，高度总在二千八百公尺左右，并没有多大的起伏。走了八公里，路忽然向下。到中梁子，两公里半下八百公尺。从中梁子向南路又忽平。不久又弯弯曲曲的向南下。走了四公里下了二千公尺，才到江边！然后路转了向东，在离江水四五十公尺的坡上走。路是从陡坡上凿开来的，宽不过五六尺。许多地方又新被水冲坏了，缺缺凹凹极其难走，而且越向下走，温度越高。在中梁子，下午一点钟温度不过二十四度。下到江边，下午四点温度到了三十三度。江在一个极深的峡谷里面，下午四点已经看不见太阳。四点半走到盐井，天已黄昏，我背着许多仪器，穿着秋天的衣服，浑身都被汗湿透了。

　　到了盐井一看，是一条狭而长的小街。一共不过几十家子。大多数没有房子，住在岩洞里！在我到那里的时候，街离江水还有十多丈。用的吃的水都得挑上来。吃当然是不可少的，用则就不能不节省了。但是天气如此的烦热，终年终日要出汗的。于是我看见很奇特的洗澡的法子。许多男男女女赤着上身聚在街心里。一木桶的水，女人先替男人洗。洗完了男人再替女人洗！因为水是太可宝贵的，洗的时候不可不小心保存。岩洞里太暗，点火费钱，只好在街上。街上太狭，帐棚支不起来。我只好在一个破庙里。屋顶大部分没有了，我睡在床上可以看着天上的星。饭米是我们带来的。此外一点任何菜都买不出来。

　　这几十家人都是靠煮盐生活。盐水是开井得来的。

第四编　游记

用石头砌许多浅的槽子，里面铺满沙子。然后把盐井水倒在槽里。晒上两天，连沙子刮起来。装在木桶里。桶旁边有一个小管子。沙子沉在桶底，盐水慢慢的从小管放到锅里。盐是惟一出产，也是惟一的货币。马夫来告诉我，一斤盐换九斤柴火。连他们买草鞋都是讲多少盐一双！

东川巧家（下）

我当晚雇好了一只小船。第二天一早放船顺流下去，因为从盐井过江是没有路的。盐井到沙坪子是六公里。我本来想放船到沙坪子的，因为那边是半大路，比上游好走。但是从盐井三公里以下就有大滩，船不能过，只好在半路上岸。盐井附近金沙江是东西的；下流一公里才转向东北。我下船的时候刚出太阳，江东暗西明，两相对照，别有奇景。江面宽不到三百公尺，水流的速度很急。小船六分钟走一公里，三公里路不到二十分钟已经走到。上岸先向东北斜上两公里到树节村。过树节一公里坡忽然变陡。路是一条弯曲的盘道。牲口驮着已经难上，再加之盘道又短又窄，拐弯的时候，帐棚柱子太长，往往要碰在岩子上，几乎把牲口摔下坡去。没有法子只好把柱子卸了下来，叫马夫向导拿着。如是者四公里才上到新山，与从沙坪子来的大路会合。新山高度为二千〇六二公尺，已经到了象鼻岭顶上。从此三公里到拖布卡都是平路。在江边早上六点钟温度为二十六度半。树节村以下沿途有仙人掌，芭蕉等热带植物。再上岩石含有盐硝，不生树木，而温度渐低。到了新山正午的温度只有二十四度，已经是高原的气候了。

　　拖布卡是象鼻岭高原的中心，附近也产铜矿。我从那里向南经过麻栗坡二十公里到大水。麻栗坡平均出海面二千六百公尺，越向南越高。大水在一条沟里仍然高出海面二千五百公尺。沟两边的山都在三千公尺左右。大水是东川铜矿四大名厂之一——其余三厂是汤丹，落雪，茂麓。汤丹最重要，在大雪山高山区的东北端，茂麓最不重要，在大雪山的西北坡，距金沙江很近。大水落雪，相距不过八公里，都在琪王山（琪是矿的意思，有时写作北）东面一条沟中。关于东川铜矿我另有记录。本文单讲金沙江东南岸的地形。

　　我因为要看看大雪山，所以不走近路，走远路；不走平路，走山路。由大水到茂麓，先向西上坡到二千九百公尺——这已经是大雪山最东北的一部分。从此西南下到造纸厂（二千五百公尺），再向西北上坡到二千八百公尺，再下到青龙山（二千四百二十三公尺）。路不过十四公里，上下坡各两次。从青龙山向北上坡到帽盒山，再下坡到大牛硐，四棵树各矿，转向西南下坡到茂麓。一共路不过十三四公里，而帽盒山高二千七百二十八公尺，茂麓高只有一千〇三五公尺。上下将近一千七百公尺。这一带的风景绝佳：山顶大部分是石灰岩成功的，有许多奇形的山峰；坡上有天然的山洞；北坡下就是二千公尺深的金沙江谷。从帽盒山四棵树看下去，比在江西岸还要骇人，因为石灰山的坡比任何岩石的坡还陡。从四棵树下金沙江，是一个绝壁走不下去的。

从茂麓到落雪厂正走着大雪山的北边，路离山顶不过几百公尺。可惜我走过的时候，下雨下雾，观察异常的困难。从茂麓一直向南六公里到腰蓬子，从一千〇三五公尺上到二千三百五十一公尺，坡还不能算陡。从此路向东南不到二公里上坡到二千九百公尺。坡既奇陡奇窄，下雨以后又奇滑，真正是普天之下最难走的路！从此直向东南，到了一个高原，平均高三千公尺。走了四公里天已昏黑，在一个没有人家的地方，叫作长海子，搭起帐棚过夜。在长海子西北三千一百公尺的高点瞭望，东南却有烟雾，西北望金沙江两岸则异常的清楚：江两岸的悬崖绝壁，江中心的将军石，江心石，江外的大山都在目前。因为峡江太深了，却望不见江水。跟着我背仪器的夫子，望了半天，指着江外一个山道，"这不是大麦地吗？我们走了六七天，还望得见以前的宿处。这是一种什么走路的法子！"

从茂麓到长海子，温度和植物的变迁，也可注意。在茂麓早上九点温度已经到二十七度。植物都是热带的样子。到腰蓬子正午的温度降到二十二度，到了高原上下午的温度降到十五度！沿途完全是童山，因为树木连根带干都被矿厂工人挖了烧炭炼铜。一直到了高原上才看见有一二尺高的矮松树。松树底下生着很多的野杨梅。我从前在瑞士留学常常同朋友到山上采野杨梅吃，这是亚尔帕斯山坡的美味，七八年没有尝着了，在帽盒山顶上我第一次再看见它。到了长海子，满山都是。我叫马夫，乡导大家去采。不到半点钟，采了好几斤。于是开了一罐瑞士的牛奶，加上白糖，饱吃一顿，非常的痛快。不料吃的太多了，到了夜间大泻起来！

从长海子先向东南，再向东，经过三风口、二风口，到大风口，八公里多，都在大雪山前坡上，高度平均在三千五百公尺左右。大风口最高——三千七百公尺，比大雪山顶低得很有限了。从大风口到落雪厂，三公里，下四百多公尺。落雪到大水不过八公里。要不是绕茂麓和大雪山，不要半天就可以到的。因为绕路，一走就是四天。

从落雪到汤丹（又叫做老厂）有两条路：北路是走小江口，新甸房一直到汤丹；南路是走腰带哨，滥泥坪先到白锡腊再到汤丹。两条路的远近差不多，而北路较平。我因为要研究大雪山的东部，所以走南路。从落雪向南不过三公里，又走上了大雪山。再向南四公里到腰带哨高三千七百公尺，是我在大雪山所到最高之点。从此先向南再向转东，七公里，就到了大雪山东北端。然后一直向东走十公里下不过七百公尺，就到了白锡腊（高二千八百公尺）。从白锡腊向东八公里就到汤丹。沿途在大雪山北半坡走，路线颇有起伏。将到汤丹才再下四百公尺。腰带哨一带的风景完全和长海子大风口一样，都是石灰石的奇峰，与各峰之间的洼地相间错。可惜沿途下雨下雾，观察极其潦草。

我于六月二十七日在盐井过江，七月十日离开汤丹。先后在产铜的地方调查了十二天。因为地形复杂，路极难走，常常下雨，成绩极其不佳。但为七八两月是雨期，势不能久待，只好匆匆的去东川。大路应该从汤丹向北，顺小江的西岸下到小江口，过江向东北经尖山热水塘到县

第四编　游记

城。我要上古牛寨绝顶看看，所以一直向东，不走大路。从汤丹到小江不过六公里有零。汤丹高二千四百公尺，小江高一千〇九十一公尺，下降一千三百公尺，而从汤丹四公里到马房，坡度颇平；陡坡在马房到小江边的两公里。幸亏都是土路，还不甚难走。过江的地点正在中厂河与小江会合的地方。江面宽约二百公尺，由中厂河口上船，逆流到对岸的沙海村上岸。岸是一个极陡的坡：五百公尺的盘道要上二百公尺。又走一公里半，刚到坡顶（高一千五百四十公尺），又下向一条自北向南的大沟。沟底高一千二百三十公尺，比较的宽阔：橄榄坪，大桥，大寨附近的几个大村子，都在一千二百六十公尺到一千三百公尺之间。从大寨一直往东，十公里有零，就到古牛寨山顶。但是古牛寨高出沟底二千九百多公尺，比从海面到五台山顶只低二百公尺，山顶又无宿处。所以我从汤丹第一日赶到半山的箐口村；第二天再由箐口上山，当晚下来仍住箐口。

从大寨算起，到山顶的路可分为四段。第一段从大寨到葫芦口，一点二公里，上八三公尺，坡度为百分之七。第二段从葫芦口到箐口，五点三公里，上九百六十二公尺，坡度为百分之十八。第三段自箐口到三，三五九公尺的一点，三点六公里，上一千公尺，坡度为百分之二十八。第四段到古牛寨绝顶，直线不过一点六公里而要上高七百八十六公尺，坡度为百分之四十九！第一，第二两段都在土里面，所以比较的平；尤其是第一段是顺山走的所以更平。第三段在石灰岩里面，已经很陡。第四段是玄武岩（火山岩）所成的绝壁：百分之四十九的坡度，当然是无法可上的，所以我们跑到最后这一段，先向东南，再向东北，曲曲弯弯的绕着，到山北面，再向山顶。直线一六〇〇公尺，弯曲走的盘道长二点四公尺，上不到一半，已经找不着道，只好手足并用，慢慢的斜着上。上到顶一看古牛寨是一个五百公尺直径的圆顶，最高的点偏在西边，高出海面四千一百四十五公尺，是我在中国所登的最高的山峰。

　　从古牛寨四望，除去正南正北两面为本山所掩以外，都望得很远。向西看时最远最高的是一百二十公里以外会理西北的龙爪山。鲁南山比较的近得多，而却看不见，或是不认识。此外金沙江以西的望乡台，大银厂，大麦地三道梁子都看得很清楚。江的东岸从北向南是象鼻岭，麻棵坡，琪王山，以及大雪山的高山带。我虽然从西到东在大雪山的北坡走过一道，但是离顶太近了，反看不见它。在大银厂，大麦地又因为有雾不能望得很远。在古牛寨山顶恰好遇见晴天。才看明白大雪山是一个高山地带或是高山区（Massif）：不成脉，不成梁子。下半是个斜坡，越上越陡，最后是石灰岩的绝壁。顶上是个平台，台上又有许多尖峰，错杂高下，不易名状。再近一点的是小江。江上游是三条水所成的：最西的是四甲河，中间是柳树河，东面是小江。三条水会合的地方叫三江口，江东一个大村子叫糯姑田。从糯姑田向北一直到大寨的北面，约十公里长是一个比较低的平谷，谷里种着有许多水田；从谷底向上，一层一层砌得有平台。大寨河是好几条水会合的，最远的源是紫牛坡。这条水与小江会合的地方许多乱石堆成一个极大的三角砾洲。这是山西面所看得见的地形。不是我自己认识，就是箐口来的乡导指示我的。山以东则只看见无数的不连续的山，比古牛寨的绝顶要低一千到一千五六百公尺。万山中隐约看见一条浅谷。乡导说是野马川，是伊里河的上游。川以上是许多不规则的小峰，看去好像石灰岩，但是太远了，看不十分明白。

小江底高一千零九十公尺，比金沙江要高到三百多公尺，而且江谷较宽，空气流通容易，温度应该比金沙江为低。然而我七月十日过小江，早上十一点温度已经到三十四度，比在盐井过金沙江的时候还要高。大概是因为我过盐井的时候是六月，又是雨后的原故。早上八点钟从箐口出发，温度是十六度。到了古牛寨山顶，下午一点，温度只有八度，山北坡还有一大块雪没有化完！

东川铜矿

历史

三十年前严又陵论铸铜元的害说，中国是以铜为本位的国家。这是极有见解的一句话，因为国家鼓铸的货币全是铜的。前清一代铜政是行政上绝大的问题。从乾隆三年到咸丰初年，户部每年拨库银一百万两向云南办铜。那时中央政府的支出每年不过几千万两。办铜的费用要占中央支出百分之一以上。云南是铜惟一的来源，而云南的铜百分之八十以上出在东川。其实大多数的铜厂属于巧家厅。

因为东川府是办铜行政的中心，所以东川铜矿变为公私文牍上通用的名词。我民国四年从云南回来曾做了一篇《东川矿政沿革考》，因为种种的关系始终没有发表。现在我把它节录在这里。

一、乾隆三年以前　东川一府，旧为禄氏土司所属，明洪武中始受节制。雍正以前，皆归四川管辖。现时所开各厂，究创始于何时，求之典籍，皆无可考。直至前清康熙三十六年，东川铜厂，始见于公牍。自三十六年至雍正四年，听民纳课开采，初与官吏无涉。其税额产数，皆不可考。雍正四年，东川府改隶滇省，遂由滇委道府总理其事，招集商民开采。先发资本。后收所出之铜作抵。是为东川官办铜矿之始。是时课税值百抽十：每出铜百觔抽课十肋，余九十觔，以银六分一觔，由公家收买。所买之铜，运贮东川铜店，或委员运赴江广发卖，或转运四川永宁，贵州威宁拨卖各省粮道总理。故自雍正四年至乾隆三年，官办东川各厂，实为完全专利营业性质：资本出之于官，采炼任之于民，营业之利，又归之于官。用意与盐法略同，故亦有槽户炉户炭户之称：开采者为槽户，炼冶者为炉户，采薪者为炭户。资本由官出，铜价由官定。骤观之槽炉炭三户似无大利可图，然考其实际，当日东川各厂，每年产铜不下六百万。归官采买者，才不过八九十万，故此八九十万之铜，虽只可领官价，其所余之铜，仍可自由贸易，而当时滇铜市价，每百觔已在十两以上，为矿商者，固仍不以官价为困也。（见王大岳《铜政议》）

二、乾隆三年至咸丰初年 乾隆三年以前，京师铸钱所用之铜，大悉采自外洋（见户部原奏）。及滇省产铜日旺，铜价颇贱（洋铜价百觔十六两，滇铜约十两余），乃有停办洋铜，改采滇铜运京供铸之议。于是由京岁拨银一百万两，每年由东川各厂，额解京铜四百四十四万斤。六年增至六百三十三万一千四百四十斤。半由厂发运寻甸，至威宁转运镇雄南广；半由东川转运昭通泸州。收铜之法，每铜百觔，抽课十觔，收耗铜五觔（未几改为四觔二两）。每铜三百五十觔，收捐铜一觔。所谓耗铜者，本以备沿途磨擦折耗之用。按铜质坚硬，初无折耗之可言。盖当日马夫船户，沿途偷漏，损失颇多，解运官时有被累者，故以此补之。后因为数过多，乃酌提一斤为粮道养廉，三斤归公，故当日京运，常有正耗铜名目。由是观之，炉户出铜百斤，其可以向公家领价者，不过八十四斤十二两有奇。以雍正五年所定六分一斤计算，每铜百斤，官价五两八分五厘。后乾隆十九年，廿一年，廿七年，三十三年，迭次增加至七两。越三年，复减为六两四钱，遂以之为定价。然据厂中父老言，当日官价虽为六两四钱，炉户实收不过五两二钱八分三厘，故有"五二八三"之通称。是为滇铜官价最低时代，然亦为滇铜产额最高时代。盖京运六百三十余万斤以外，各省采买岁约三百余万，本省鼓铸亦且数十万，故每年产铜，必在一千万以上。其确数之见于公牍者，则乾隆三十八三十九年，每年官买之铜，皆在一千三百五十万斤以上；较之现时产额，几及十倍，可谓盛矣！终乾嘉之世，铜价未增，产额亦未大减。道咸以降，纪籍过略，不能知其确数。所可知者，惟滇省回乱以前，铜价每百斤为七两四钱五分二厘。按其时京运未停，运额未减，则每年产额，至少亦在六百万以上。自乾隆三年始，至回乱之时止，东川铜矿皆归粮道及东川府经营，各厂复分设委员。京运不足，不特厂员获咎，总督以下各长官亦与有责焉。乾隆中功令尤严；厂官缴铜，以少报多，致有遭极刑者，其他可知。然当日厂务旺盛；京运以外，惟本省鼓铸外省采买为正项，不可缺乏其余之铜，则往往由经理者私售之商人。盖官价收铜，百斤五两有奇。市价售铜，则十一两以外。一反手间其利倍蓰，故皆视为利薮。虽间被累，不以为惧。且官价每百斤虽不过五六两，而开支时浮滥捏报，平均统以九两二钱奏销（见唐炯光绪十八年奏案）。合计其他杂费运脚，每铜百斤，运京交纳，所费在十八两以外。较之当日洋铜，价反稍昂，其弊可知矣。

三、同治十三年至光绪十三年　自咸丰中叶，汉回仇杀，酿成巨变；兵祸蔓延，及于全省。滇省矿厂，均皆停歇，东川亦被其祸。直至同治十三年滇事大定，始有兴复之议。于是年定为官督商办，委本省绅士牟正昌包办全省各厂（顺宁，易门，永北亦在其列），每年认解京铜二百万斤。行之数年，迄无成效。每年所产，总不足数十万。遂于光绪五年改归官办，责成地方官经理。然滇省自大乱之后，户口零落，存者不足十分之一：贫困流离，救死不赡；旧有矿洞，倾覆淹没，存者无几。加之长官督责过严，胥吏从中舞弊，绅士认办者，无不受累。一旦归官办，凡所经营之槽洞房屋器具，皆为官有，而积欠之款，尚须追缴，遂至有倾家破产者。地方官鉴于其事，无复敢负此重责。一经受委，辄以洞老山空呈报，希图规避免累。至光绪八年，乃改用藩司唐炯议，仍招绅商承办，由官发本收铜。行之三年，仍无起色。唐炯时任滇抚，乃痛论官办之弊。建议招商开采，完全商办，设局沪上，招揽商股。然信用不著，商贾裹足；招股数年，仅得款七万余两。复领帑本十二万，每年出铜，不过六十万斤。适越南兵事起，唐炯因事被逮。滇政府不暇兼顾，乃奏派唐炯为督办矿务大臣。此光绪十三年事也。计自同治十三年起，试办东川铜矿，凡十有六年，云南全省出铜才八百三十七万斤，东川各厂约居十分之八。是平均每年产额，不过四十一万斤有奇。推求其故，固由乱后户口凋落，恢复不易，其大原因，则在资本不充，铜价太低，有以致之。盖同治十三年起，至光绪十三年止，铜课虽暂停收，耗铜仍未裁撤，余铜官价每百斤只十两三钱。与当日成本相较，实已无利可图，且先后帑本商股皆，在二十万以下，实不足以供各厂之用也。

　　四、光绪十三年至宣统三年　滇省铜政，自同治十三年筹办恢复，迄无成效，既如上所言。乃于光绪十三年，特派前滇抚唐炯专任其事。唐炯久官于滇，深知官办之弊。至滇以后，即设立招商矿务公司，与滇商号天顺祥联络，厚集股本，自行开采，并延聘日本人多名为工程师，购置机器，筹画自设炼炉。当风气未开之时，毅然为此创举，不可谓非具有特识，惜其所延日人，程度过低；经理其事者，类皆贪刻无赖，只知自利。闻其与办白锡腊（地名）铜矿，先后不及二年，耗资本十余万，出铜才二十万斤，而总办黔人于某，遂因之致富。其所延工程师坐享厚俸，无所事事，至今厂中人犹传为笑柄。新法开采，既全归失败。不得已乃复招本地炉户，给以成本，听其自行开采。出铜后责其归公司收买，铜价则仍以十两零三钱计算。惟耗铜课铜，皆暂停收纳。至十八年乃奏明每铜百斤加价一两。二十一年请再加二两，格于部议未准。二十三年复以为请，始得部同意。二十五年前滇督王文韶入掌户部，熟于该省情形，始允唐炯之请，破格加价：每铜百斤，发价二十两。官价与本省市价，几不甚相远。然计唐炯于光绪十三年接办，十六年始接济京运。自十六年至二十四年，九年中约共运京铜一千万斤。自二十五年加价以后，至三十二年唐炯交卸时止，共计八年，共运京铜八百余万。是加价以后，每年所出之铜，不过一百万余斤；与未加价以前，初无增减。推原其故，实因唐炯接办之初，内格于部议，外蔽于厂员；二三年间，耗费银七十余万两。虽于光绪十六年支借帑项四十万两，然原奏十年扣还，故至光绪二十五年加价二十两时，业已扣还殆尽。而此十年中，办铜一百斤，运京纳部，运脚铜价，得费不足十七两。历年亏折，几及百万。而所谓招商矿务公司者，并无实在商股，其资本皆由唐炯以个人名义向商号挪借。其所恃以弥补者，惟以官价在个旧买锡，以民价销之于川，颇获厚利。旋个旧有周云祥之乱，锡矿分局，因之停歇，无利可图，亏款无着。故二十五年奏定加价为二十两以后，藉口铜色过低，改铸须费，只以十四两发给炉户，直至三十二年未尝少变。此八年中，出铜共八百余万。是其中饱之款，约四十八万有奇，故交卸之日，得免亏累。据其二十五年奏请加价原折，东川出铜成本，每百斤约须银十五万两，而实发官价，不过十四，其不能发达也，又何足怪乎？光绪三十二年唐炯辞职以后，东川铜矿，改归本省藩司经理。其办法一仍其旧。是年出铜仅一百零三万斤。明年度支部派余主事晋方到滇，为造币分厂会办，与劝业道刘孝祚同查铜厂情形。谓部价二十两，不能全数发商。商人无利可图，故致衰歇。而部价所以不能全发之故，实因部发之运脚局费，概不敷用，故不得不私扣铜价，以补其缺。乃建议一律加价，改炼净铜。盖终唐督办之世，所运京铜，皆系毛铜，未经提净。每百斤含铜仅百分之八十有五。运京以后，始转运天津造币厂净炼。不特亏拆甚多，且所耗之铜斤，亦须加入运脚。不如在滇自设炼局，改铸铜砖运京，以节运费也。余刘原议以二十两为铜价，实发炉商。净铜折耗，运京运脚，局员薪用，每百斤合计十七两。旋部核谓铜价过昂，减为十五两。故每百斤运京交纳，共费银三十五两。铜厂事务，改归劝业道经理。计自光绪三十四年至宣统三年，滇铜率以每百斤三十五两支销。而此五年中，实发炉户之价，不过十七两，与报销不符。故自劝业道承办以后，厂事虽稍有起色，每年所产，仍在一百五十万斤以下也。

五、民国元年至民国三年　东川各矿即全为国有。自咸同以后，余铜过少，不准通商。炉户无利可图，大抵穷困。故其资本全恃协款，销路专资京运。及辛亥革命，京运忽停，协款无着，所积之铜无路可销，以致各厂失业，秩序混乱。滇政府乃陆续凑款数万，暂委东川府严庆祺原任厂员郑鸾锵接续办理。时滇绅刘盛堂建议官商合办，设立公司，吸收商股，自行开采，以图改良。实业司吴琨赞成之，蔡都督即因之批准。因议定公司股本为六十万元，官商各半。一面由实业司印发章程，于省城东川昭通个旧香港海防六处，分设收股处；一面即委刘盛堂暂行充任东川矿务公司临时总理，以官本接续经理。此民国元年二月事也。是年六月，东川各厂炉商，以减少铜价（刘盛堂定价为每百觔十四两四钱），拣选成色过严，具控刘盛堂溺职败厂。七月刘盛堂辞职，实业司另委陈凤鸣专办汤丹各厂铜矿。每百斤定价为二十一元。时各处招股，应者绝少，自春徂冬，毫无成效。而川省开铸铜元，需铜孔急，滇铜销路因之大畅。陈刘接办，日有起色。计自民国元年二月，至二年三月，出铜一百三十余万，共获净利二十余万元。合之前清所积铅铜变卖之价，及革命初实业司陆续拨款，当日实存现款，可以为资本金者，约四十七万元。（此款除为股本及其他用度外，至民国三年六月底尚有余款二十六万五千余元，实存富滇银行。闻此后拨用甚多，现余无几矣。）此外尚有陈刘两总办放给炉户垫本七万三千余两。是距原定股本六十余万元之数，相差无几。滇政府遂派实业司副司长华封祝赴日，购买机器，聘请技师，以谋扩充。盖自同治十三年以来，出产之多，获利之丰，当以是年为最，而原议官商合办者几已改定为完全官办矣。不谓是年冬十月底,乃有东川绅商学界代表唐学曾等数十人援据成案,呈请公举黄德润(东川人,是时为省议会会长),为临时总经理,组织公司,担任招股事宜。并声明商股未经招足以前,所有东川矿务,仍由公家办理。当时主持其事最力者,除东川绅士外,商界为马启华,军界为李鸿祥谢汝翼,皆新兴州人也。及公司章程发布,则蔡都督锷,华副司长封祝,罗民政长佩金,亦皆列名于创办者十一人之中。政界中之反对最力者,惟实业司司长吴琨,故唐学曾等初次呈请合办,即经批驳。及再呈请时,吴迫于众议,勉允其请,然犹以三事相约:(一)商股三十万未经招足以前,公司不能成立。(二)所有房屋器具货物礁硐,皆须估计作价,作为股本。如价在三十万以上,则须新公司于商股三十万之外,筹款垫还。(三)各厂所欠公款,应由新公司承认一定办法,分期清还。以上三项,皆吴所力争者,然其后皆完全失败。因黄德润倡议商股三期分招,第一期招足,即当成立。至二年三月,即催实业司移交,谓商股已在十万元以上。实业司乃派保延梁王政齐验股(保后为股东名列分红表中),复谓现款合存贮米粮柴炭,已足十万元。然据该公司民国二年分红表计之,则是时所收现股,实为三千八百九十一股,合银三万八千九百一十元,与原报之数,固不符也。房屋礁硐机件器具货物,原估价约二十一万元。公司皆不承认。后由审计分处改派东川府保延梁(股东)审计分处科员萧珍(审计分处处长陈价亦公司股东)另估。仅将房屋器皿,估为一万八千四十一两:凡礁硐机器轰药,皆未作价也。各厂所欠公款，分新旧两欠：旧欠者系革命以前之欠款；新欠者系革命以后陈刘两总办所放之欠款，共计二十万零五千三百二十二两有奇。其中新欠约三分之一。公司初成立时，实业司亦有作为公家股分之议。旋与新公司订立合同，每出铜百斤提三十斤为扣收新欠，十斤为扣收旧欠。然公司成立以后，并未实行此约。直至民国三年二月公司成立一年以后，始订章每铜百斤，扣银三钱，以偿前欠。计自民国三年二月，至民国四年二月，所收欠款，不过四千余两。是新旧欠二十万两，非五十年不能扣清，且新欠七万，即以常年六厘起息，则尚在四千两以外。是新公司每年代收之款，只足供新欠利息也。

以上三事，实业司所力争者，既完全失败。东川矿业有限公司，于民国二年三月成立。而公家遂以一万八千余两之代价，将需时二百余年，费款数千万元所经营之铅锌铜矿，移交于私人之手！且据公司章程第一章第三条，公司专利之权，虽仅限定于旧日官办之铜铅镰各矿，而公司成立以后，凡东川一府之矿，几无不为其所垄断。若以芦之琉璜，黄栗树之煤炭，其尤著者也。不特此也，东川矿业有限公司，名为官商合办，而照公司章程，凡选举会议，公家所派代表，必须有商股股票二十股以上者，方为合格；有五十股以上者，方可被举为总协理；三十股以上者，方可被举为董事。故公司成立以后，凡一切总理监督之权，悉操之商股东之手，公家不得过问焉。

公司成立以后，定铜价为十六两。凡旧有自炼之铅铜炼炉，悉行停歇；完全以放本收铜为事。时滇铜销路大

第四编　游记

畅，每百斤市价在三十二两以上。公司坐享厚利，无用改良。乃一反实业司以前计画：华封祝所购机器，所延技师，概不承认，且谓原定资本六十万，为数过多，改减为三十万元。时本省绅商之未与闻其事者，见其利极厚，争欲入股，皆为公司拒绝。适滇中大吏更替，不平者欲藉之为推翻公司之机会。公司中人大惧，乃退还官股五万元，另招商股以补其缺！于是新来滇之军政界多为股东，而公司之势力乃益巩固。此民国二年终三年初事也。计公司自民国三年四月开办起，至十二月底止，凡九阅月，以贱价发之于商，以市价售之于川。其溢利银十三万元有奇；滇政府所分，只三万四千五百一十元。较之民国元年官办时公家所获之利，不足四分之一，而炉槽各户，反益困焉。至三年二月，乃有汉回仇杀之乱。为首者，为汤丹厂之李正平，以攻公司所派汤丹厂经理回人马正云为号召，聚众至数千人。调兵剿杀，月余始平。事后报复，累及无辜，附厂各村，被祸甚惨。论者谓虽肇祸之因，颇甚复杂，实亦公司任事者横霸过甚，厂民积忿不平有以致之。事定后公司乃加价为十六两四钱，然是时市价已达三十三两，厂民之不平固如故也。